GUIA DE SAÍDAS PROFISSIONAIS

Para Estudantes de Direito

ASSOCIAÇÃO DE ESTUDANTES DE DIREITO
DA UNIVERSIDADE DO MINHO
(AEDUM)

GUIA DE SAÍDAS PROFISSIONAIS

Para Estudantes de Direito

Coordenador
Gonçalo Santos Cruz

Coordenador-Adjunto
Nuno Miguel da Costa Vieira

Colaboradores
Flávia Loureiro
Marco Gonçalves
Sérgio Silva
Sílvia Serra

BRAGA 2001

TÍTULO:	GUIA DE SAÍDAS PROFISSIONAIS – PARA ESTUDANTES DE DIREITO
AUTOR:	ASSOCIAÇÃO DE ESTUDANTES DE DIREITO DA UNIVERSIDADE DO MINHO (AEDUM)
EDITOR:	LIVRARIA ALMEDINA – COIMBRA www.almedina.net
LIVRARIAS:	LIVRARIA ALMEDINA ARCO DE ALMEDINA, 15 TELEF. 239 851 900 FAX 239 851 901 3004-509 COIMBRA – PORTUGAL livraria@almedina.net LIVRARIA ALMEDINA – PORTO R. DE CEUTA, 79 TELEF. 22 205 9773 FAX 22 203 9497 4050-191 PORTO – PORTUGAL porto@almedina.net EDIÇÕES GLOBO, LDA. R. S. FILIPE NERY, 37-A (AO RATO) TELEF. 213857619 FAX 213844661 1250-225 LISBOA – PORTUGAL globo@almedina.net LIVRARIA ALMEDINA. ATRIUM SALDANHA LOJAS 71 a 74 PRAÇA DUQUE DE SALDANHA, 1 TELEF. 213712690 atrium@almedina.net LIVRARIA ALMEDINA – BRAGA CAMPOS DE GUALTAR UNIVERSIDADE DO MINHO TELEF. 253678822 4700-320 BRAGA – PORTUGAL braga@almedina.net
EXECUÇÃO GRÁFICA:	G.C. – GRÁFICA DE COIMBRA, LDA. PALHEIRA – ASSAFARGE 3001-453 COIMBRA E-mail: producao@graficadecoimbra.pt FEVEREIRO, 2002
DEPÓSITO LEGAL:	176680/02
	Toda a reprodução desta obra, por fotocópia ou outro qualquer processo, sem prévia autorização escrita do Editor, é ilícita e passível de procedimento judicial contra o infractor.

Nota de Abertura

A intenção de elaborar um *Guia de Saídas Profissionais Para Estudantes de Direito* surgiu-nos há algum tempo. Já no mandato anterior pretendíamos criar uma publicação que indicasse quais as saídas profissionais para alunos de Direito. Contudo, essa primeira tentativa esfumou-se...

Neste mandato, coube-me a tarefa de coordenar tal trabalho, desafio que aceitei sem hesitar, movido por um projecto aliciante, que tinha tanto de inovador como de arriscado. A possibilidade de fracassar acompanhou-me desde o início, mas foi esse o estímulo para passar parte das férias de Verão a materializar um dos objectivos mais arrojados da minha vice-presidência. Parece-me ser este o momento para agradecer a confiança em mim depositada, pelo Presidente da Direcção da AEDUM (João Pedro Ferreira), para liderar este projecto.

Mas uma empreitada desta envergadura não se faz sozinho. Neste sentido, convidei o Nuno Vieira para me coadjuvar, aposta que se viria a revelar acertada pela compreensão mútua e pelo entendimento recíproco. Sabia que um trabalho destes se enquadrava no seu perfil... Todavia, devido à grande sobrecarga de trabalhos, que um projecto deste género acarreta, resolvemos pedir a colaboração de outros colegas, para pequenas tarefas, sem a qual não sabemos se teríamos conseguido concretizar com sucesso este objectivo. Assim contámos com a colaboração da Flávia Loureiro para leitura e correcção literária; o Marco Gonçalves fez os textos relativos à Administração Pública e à Solicitadoria; o Sérgio Silva elaborou a parte da Diplomacia e a Sílvia Serra redigiu o excerto relativo à Polícia Judiciária.

Last but not least, não me posso esquecer de agradecer a disponibilidade e os conselhos do Director do Curso de Direito, Professor Luís Gonçalves.

Os motivos principais que nos levaram a fazer este *Guia* foram, por um lado, a falta de informação sobre saídas profissionais para juristas e, por outro, a necessidade de esclarecer as formas de ingresso em cada uma das carreiras.

Depreende-se que a grande finalidade desta *obra* é dar a conhecer as várias saídas possíveis para quem possuir licenciatura em Direito, fornecendo uma ideia geral, por vezes um pouco mais aprofundada, relativa ao acesso a cada uma delas. Ser um manual acessível e de consulta fácil, que não canse nem seja monótono, que permita obter uma rápida informação foram outras das preocupações que prosseguimos, e penso que com sucesso. Pretendemos que este *Guia* seja um instrumento que acompanhe os estudantes, em especial os finalistas, mas também os recém licenciados não devem dispensar a sua consulta. Afinal, foi a pensar neles que o elaborámos, eles são os seus principais destinatários, o seu público alvo.

Procuramos apresentar uma estrutura que seja o mais simples, perceptível e concreta possível.

O grosso do *Guia* é constituído por oito saídas, que são as mais conhecidas no mundo do mercado de trabalho. Podemos dividi-las em dois grupos. Um que diz respeito às profissões que apenas podem ser exercidas pelos licenciados em Direito, em relação às quais gozam de exclusividade. Refiro-me à Advocacia, Magistratura, Registos e Notariado, Solicitadoria e Carreira Docente Universitária ligada ao Direito. O outro onde podemos agrupar a Administração Pública, a Polícia Judiciária e a Diplomacia. Nenhuma destas profissões é exclusiva de licenciados em Direito, contudo, estes gozam de privilégios nos concursos públicos e acabam por preencher grande parte dos quadros. Relativamente a cada uma delas, para além de explicarmos em que consistem e de falarmos das formas de ingresso, introduzimos um ponto que considero ser o mais inovador e ao mesmo tempo também o mais curioso. Refiro-me à *opinião* de um licenciado em Direito que tenha como profissão uma das saídas citadas. Ouvir aquilo que nos tinham para dizer sobre o ensino do Direito, a profissão que exercem, as perspectivas e os conselhos que dariam, tornou-se, na minha opinião, no *ex libris* deste manual. Aproveito o ensejo para agradecer a disponibilidade dos que connosco partilharam as suas ideias.

Numa segunda parte, num capítulo designado *Saídas Heterodoxas*, fazemos referência, sucintamente, às possibilidades de emprego que indirectamente se proporcionam aos licenciados em Direito. Aí referimos os casos especiais da *comunicação social*, das *forças armadas, dos bancários, dos empresários* e dos *professores do ensino básico e secundário*. Com uma comunidade estudantil superior a 20 mil alunos, no total das universidades que ministram o curso de Direito em Portugal, não haverá muitos que tenham mais aptidão para uma destas profissões do que para as tradicionais saídas?! Esta é, para mim, a segunda novidade deste trabalho, damos uma ideia diferente, chamando a atenção para uma realidade por vezes esquecida: *Direito não é só Advocacia e Magistratura!*

Atentos às mudanças que se têm operado no quadro legislativo português, tivemos conhecimento que foram criadas mais três profissões para juristas: os Juízes de Paz, os Mediadores e os Assistentes Judiciais, que apelidamos de *Novas Saídas*.

Finalmente, reservamos, na parte final, um espaço para indicação de legislação fundamental, cuja consulta aconselhamos vivamente, e para contactos úteis (perdoem-nos se houver desactualizações).

Quando concluído um trabalho relativo a saídas profissionais, muitas dúvidas se levantam no que respeita às formas de ingresso em algumas carreiras. Uma das questões que se coloca consiste na necessidade de se ter de possuir licenciatura em Direito há, pelo menos, dois anos para ingressar no CEJ. Desconheço os motivos desta regra, mas, aparentemente, não faz sentido... O que fazer nestes dois anos? Porque não permitir, logo que se acabe a licenciatura, o acesso a qualquer carreira? Certamente que esta seria uma das formas de deixar de empurrar os licenciados em Direito para a Advocacia (a mais sobrelotada das saídas profissionais).

Não posso concluir esta *Nota de Abertura* sem antes fazer um comentário sobre as perspectivas de futuro. Sabemos que não vai ser fácil, mas acreditamos que quem tiver força de vontade consegue vencer, o que é preciso é saber procurar (esperamos que este Guia ajude), estar atento e ser paciente.

«Nunca vi ninguém que quisesse vencer
que não tivesse vencido».[1]

Gonçalo Santos Cruz
Vice-Presidente da Direcção da AEDUM

Braga, 2001

---

[1] Dr. Pires de Lima, cfr. infra pág. 24.

ADVOCACIA

1. Introdução

O advogado é um profissional liberal chamado para ajudar os outros na área dos direitos e obrigações que resultam da convivência em sociedade. Colabora na administração da justiça, exercendo o patrocínio das partes, dando pareceres, aconselhando, orientando litígios e até funcionando como ponto de equilíbrio, quando representante dos mais desfavorecidos socialmente.

O advogado deve, no exercício da profissão e fora dela, considerar-se um servidor da justiça e do direito e, como tal, mostrar-se digno da honra e das responsabilidades que lhe são inerentes. Deverá manter sempre e em quaisquer circunstâncias a maior independência e isenção, não se servindo do mandato para prosseguir objectivos que não sejam meramente profissionais, pugnando pela boa aplicação das leis, pela rápida administração da justiça e pelo aperfeiçoamento das instituições jurídicas, bem como protestar contra as violações dos direitos humanos e combater a arbitrariedade de que tiver conhecimento no exercício da profissão.

Para se exercer a advocacia é necessário uma licenciatura em Direito e a inscrição na Ordem dos Advogados (adiante designada OA).

O pedido de inscrição na OA deve ser dirigido ao conselho distrital da área do domicílio onde irá exercer a profissão ou então da área do domicílio do patrono. Todavia, antes da tão esperada cédula profissional, os interessados nesta carreira jurídica têm de percorrer um período de estágio, que dura 18 meses e durante o qual são designados advogados estagiários.

2. Acesso

2.1. *Estágio – inscrição*

O estágio tem por objectivo ministrar ao advogado estagiário formação adequada ao exercício da advocacia, de modo a que possa desempenhá-la de forma competente e responsável, designadamente nas suas vertentes técnica e deontológica.

O tempo de estágio, com duração de 18 meses, conforme o estipulado no *Estatuto da Ordem dos Advogados* (adiante designado EOA), conta-se desde a data de início do curso de formação.

Serão criados, dependendo de cada um dos conselhos distritais, centros distritais de estágio, aos quais competirão a instrução dos processos de inscrição preparatória dos advogados estagiários, a orientação geral dos estágios nas comarcas que integram os distritos a que correspondem e a instrução dos processos de inscrição dos advogados. Os centros distritais de estágio e os serviços de orientação de estágio, designados genericamente "serviços de estágio", serão formados por advogados com, pelo menos, cinco anos de exercício efectivo na área da advocacia, podendo ser dotados do quadro de pessoal que for necessário para o desempenho das respectivas funções e que o conselho geral determinar.

2.2. *Quem pode inscrever-se (artigo 161.°, EOA)?*

1 – Podem requerer a inscrição como advogado estagiário os licenciados em cursos jurídicos por qualquer das universidades portuguesas autorizadas oficialmente a conceder licenciaturas.

2 – Podem também requerer a sua inscrição como advogado estagiário os licenciados em cursos jurídicos por universidades es-

trangeiras que tenham sido previamente objecto de equiparação oficial.

3 – Para ser inscrito como advogado estagiário deve o interessado apresentar certidão do registo de nascimento, carta de licenciatura ou documento comprovativo de que esta foi requerida e está em condições de ser expedida, certificado de registo criminal, bilhete de identidade e três fotografias de formato e com as demais características exigidas para os bilhetes de identidade.

4 – A inscrição como estagiário rege-se pelas disposições aplicáveis à inscrição como advogado, cabendo, porém, ao centro distrital de estágio a instrução dos processos de inscrição e a emissão dos respectivos pareceres e ao conselho distrital a sua inscrição preparatória.

A duração do estágio é de 18 meses. Os cursos iniciam-se, pelo menos, duas vezes por ano, em datas a fixar pelo conselho geral. Os requerimentos para a inscrição serão apresentados pelos candidatos até 60 dias antes da data do início de cada curso de estágio.

2.3. *Estágio – "stricto sensu"*

O estágio divide-se em dois períodos distintos, o primeiro com duração de 3 meses e o segundo com duração de 15 meses.

O primeiro período de estágio destina-se a um aprofundamento de natureza essencialmente prática dos estudos ministrados nas universidades e ao relacionamento com as matérias directamente ligadas à prática da advocacia.

O segundo período do estágio destina-se a uma apreensão da vivência da advocacia através do contacto pessoal com o normal funcionamento de um escritório de advocacia, dos tribunais, de outros serviços relacionados com a aplicação da justiça e do exercício efectivo dos conhecimentos previamente adquiridos, colaborando no desempenho do patrocínio oficioso, enquadrado no regime legal do acesso ao direito e apoio judiciário. Será de enorme importância sublinhar que o estágio tem por fim familiarizar o advogado estagiário com os actos e os termos mais usuais da prática forense, assim como inteirá-lo dos direitos e deveres dos advogados.

2.4. *O primeiro período de formação*

O primeiro período de formação inclui a frequência de sessões de formação sobre as matérias constantes dos programas de estágio, compreendendo obrigatoriamente a matéria de deontologia profissional, prática processual civil e prática processual penal, podendo ainda incluir outras áreas de formação e a participação em actividades, seminários e conferências.

A carga horária total das sessões de trabalho será fixada por cada centro distrital de estágio e terá um mínimo de cem horas, distribuídas pelos 3 meses que constituem o primeiro período de formação. As cargas horárias parcelares, correspondentes a cada área de formação, serão também fixadas por cada centro distrital de estágio, com os seguintes limites mínimos:
– Deontologia profissional, vinte e quatro horas;
– Prática processual civil, trinta e cinco horas;
– Prática processual penal, trinta horas.

No final do primeiro período de formação, os estagiários estão sujeitos a um teste escrito, que incluirá necessariamente as áreas de deontologia profissional, prática processual civil e prática processual penal.

A aprovação no teste escrito depende da obtenção de nota positiva em cada uma das áreas referidas, e ainda no conjunto das demais áreas, caso necessário. No caso de obtenção de nota negativa em qualquer das áreas referidas, ou nas demais áreas, o advogado estagiário apenas terá de repetir o teste naquelas em que tenha obtido classificação negativa. Importa referir que ficam impedidos de participar no teste escrito, com todas as demais consequências do facto, os advogados estagiários que, mesmo justificadamente, faltem a mais de um terço das sessões de formação, ou faltem a mais de um terço do total dos trabalhos, sessões, seminários ou conferências incluídas no primeiro período de formação.

O advogado estagiário pode pedir revisão de prova no prazo de 10 dias úteis contados da data da afixação da classificação, podendo consultar a sua prova nos serviços do centro distrital de estágio (a revisão da prova não poderá ser efectuada pelo formador que a classificou).

2.5. *O segundo período de formação*

O acesso ao segundo período de formação depende da aprovação no teste escrito. A não admissão ao segundo período de estágio implica nova inscrição como advogado estagiário (reprovando duas vezes nos exames da 1ª fase).

De acordo com o art. 13.° do *Regulamento dos Centros Distritais de Estágio*, no segundo período de formação devem os advogados estagiários:

a) Exercer a actividade correspondente à sua competência específica, sob a direcção do patrono, e do patrono formador se o houver, com, pelo menos, cinco anos de exercício efectivo da profissão e sem punição disciplinar de gravidade igual ou superior à de multa;

b) Participar nos processos judiciais para que forem nomeados como patronos ou defensores oficiosos, nos termos da lei sobre o acesso ao direito e apoio judiciário;

c) Participar em seminários, sessões de trabalho ou outras actividades que venham a ser determinadas ao abrigo dos programas de estágio;

d) Participar, nas comarcas em que o serviço o justifique e de acordo com as regras que venham a ser fixadas pelos conselhos distritais, em escalas de presença nos tribunais ou em outros serviços públicos;

e) Apresentar uma dissertação sobre deontologia profissional, em quadruplicado, assinada pelo advogado estagiário e com a aposição do visto do patrono, até ao termo do segundo período de estágio;

f) Apresentar um relatório trimestral, confirmado pelo patrono, das actividades desenvolvidas ao longo desse período;

g) Apresentar relatório descritivo das intervenções e presenças em diligências judiciais;

h) Apresentar documento comprovativo de presença em diligências judiciais em número a definir pelo conselho geral.

Compete ao patrono, no decurso do segundo período de formação, orientar e dirigir a actividade profissional do advogado estagiário, iniciando-o no exercício efectivo da advocacia e no cumprimento das regras deontológicas da profissão de advogado, bem como apreciar a aptidão, idoneidade ética e deontológica para o exercício da profissão.

São deveres específicos do estagiário durante o período de exercício da actividade: observar escrupulosamente as regras, condições e limitações de utilização do escritório do patrono; guardar lealdade e respeito para com o patrono e para com o patrono formador; colaborar com o patrono e com o patrono formador sempre que estes o solicitem e efectuar os trabalhos que lhe sejam determinados, desde que compatíveis com a actividade de advogado estagiário e guardar absoluto sigilo (art. 81°, EOA).

O patrono formador pode a todo o tempo pedir escusa da continuação da formação do estagiário, por violação de qualquer dos deveres impostos ou por qualquer outro motivo fundamentado. O pedido de escusa do tirocínio deve ser dirigido ao conselho distrital competente, segundo o estabelecido no EOA, com a exposição dos factos que o justificam.

No termo do segundo período de estágio, o patrono elaborará relatório sumário da actividade exercida pelo estagiário, que concluirá com parecer fundamentado sobre a aptidão ou inaptidão do estagiário para ser submetido à prova final de agregação, constituindo esse relatório, quando positivo, o atestado de aproveitamento a que se refere o *Regulamento de Inscrição de Advogados e Advogados Estagiários*. O patrono formador, havendo-o, elaborará, também, um parecer sobre as actividades desenvolvidas pelo estagiário, tendo em conta, nomeadamente, a assiduidade, interesse e aproveitamento revelados por este.

2.6. *Avaliação*

Todos os trabalhos de estágio em que tenha intervindo o advogado estagiário e todas as ocorrências significativas, nomeadamente de natureza disciplinar, verificadas a seu respeito, durante os períodos de formação, serão devidamente anotados no respectivo processo de inscrição, devendo ser integrados todos os documentos escritos, informações e pareceres que respeitem ao tirocínio e que sejam relevantes para instruir a informação final dos *Serviços de Estágio* a que se refere o *Regulamento de Inscrição de Advogados e Advogados Estagiários*.

2.7. *Prova final de agregação*

Concluído o segundo período de formação, o advogado estagiário requer a inscrição como advogado e submete-se a uma prova de agregação. O centro distrital de estágio organizará um processo de estágio, juntando todos os documentos exigidos pelo *Regulamento de Inscrição de Advogados e Advogados Estagiários*, que facultará ao júri das provas de agregação, a cujos membros o centro de estágio entregará um exemplar da dissertação escrita e fornecerá ainda a indicação do tema escolhido para a exposição oral de cada advogado estagiário.

A prova final de agregação será prestada perante o referido júri e traduzir-se-á num juízo de valor sobre a adequação da preparação deontológica e técnica do advogado estagiário para o exercício da actividade profissional de advocacia, tomando em consideração a soma de conhecimentos que reuniu e a adequação dos mesmos ao exercício da profissão de advogado.

2.8. *Prova final de agregação*

A prova final de agregação consiste numa exposição por parte do advogado estagiário, seguida de debate com o júri, sobre um tema jurídico, escolhido pelo advogado estagiário, distinto do abordado na sua dissertação.

A seguir procede-se à discussão e apreciação dos relatórios que instruam o processo de estágio, havendo lugar a um interrogatório sobre questões relacionadas com matérias próprias da área da deontologia profissional, por forma a que o júri se certifique do grau de assunção pelo advogado estagiário das qualidades éticas próprias da advocacia.

2.9. *O júri*

O júri é composto por três membros, dos quais dois são necessariamente advogados, podendo o terceiro ser magistrado ou jurista de reconhecido mérito.

Os membros do júri advogados deverão ter mais de 8 anos de exercício efectivo da profissão, serem reconhecidamente competentes nas áreas do Direito a que se dedicam preferencialmente e não terem sido punidos com sanção disciplinar de censura ou superior.

O júri atribuirá à prova de agregação a classificação de *aprovado* ou *não aprovado*, deliberando à pluralidade de votos dos seus membros, devendo a sua decisão ser fundamentada.

O patrono do advogado estagiário será solicitado a estar presente na referida prova, podendo participar nos debates, com direito a emitir parecer escrito sobre a forma como a prova decorreu, e na discussão da classificação, mas não na votação.

A classificação de *aprovado* na prova de agregação faculta ao advogado estagiário a inscrição preparatória como advogado. A classificação de *reprovado* implica repetição da prova, nos termos do *Regulamento dos Centros Distritais de Estágio.*

3. Perspectivas de futuro

Refere-se, este ponto, ao exercício da advocacia no estrangeiro, dando relevância aos casos especiais do Brasil e da UE.

A regra geral contém-na o art. 172.°, n.° 1, EOA: "Os estrangeiros diplomados por qualquer faculdade de Direito de Portugal podem inscrever-se na Ordem dos Advogados, nos mesmos termos dos portugueses, se o seu país conceder igual regalia a estes últimos".

Há que averiguar se existe regime de reciprocidade e só então é permitido a diplomados portugueses inscreverem-se junto da entidade competente de outro país.

3.1. *Caso especial do Brasil*

Os advogados portugueses licenciados por qualquer faculdade de Direito do Brasil ou de Portugal podem inscrever-se na OA do Brasil em regime de reciprocidade. O regime de reciprocidade está expressamente consagrado em ambas as legislações.

3.2. *Caso especial da UE*

A Directiva n.° 98/5/CE do Parlamento Europeu e do Conselho veio consagrar:

- O direito de exercer a título permanente em qualquer Estado membro, com título profissional de origem, as mesmas actividades profissionais que podem ser exercidas com o título profissional do Estado membro de acolhimento;
- O direito de exercer actividades de consulta jurídica, de representação e defesa em juízo;
- O direito de estabelecimento.

Para o exercício da profissão, com o título profissional de origem, haverá inscrição junto da autoridade competente do Estado membro de acolhimento, sendo necessário preencher os seguintes requisitos:

a) Ter a nacionalidade de um dos Estados membros da União Europeia;

b) Possuir diploma académico que permita o exercício da profissão de advogado no Estado de origem;

c) Estar inscrito como advogado na Ordem ou organização profissional equivalente do Estado de origem;

d) Manter no Estado de acolhimento um estabelecimento estável e permanente;

e) Cumprir as demais obrigações previstas no EOA e em outros regulamentos da mesma OA.

4. Opinião

Dr. Pires de Lima,
Bastonário da Ordem
dos Advogados

Que comentário lhe merece o actual estado do ensino do Direito em Portugal?

Péssimo, a não ser algumas excepções. Basta verificar que o número de alunos por professor não está estabilizado, em muitos casos não está nem sequer nos mínimos exigidos normalmente nas faculdades. Basta dizer que há uma universidade em Portugal que tem menos 91 docentes do que aqueles que deveria ter. Se eu disser que essa universidade é a que mais licenciaturas concede por ano, por aí já ficam a ver...

Não é um problema só de qualidade, porque ninguém pode dizer que um licenciado em Direito não tenha uma grande capacidade para ensinar. Simplesmente há faculdades que se valem, apenas e só, dos licenciados em Direito. Há faculdades que estão assentes fundamentalmente nos mestres. Os mestres são, necessariamente, pessoas que já revelaram qualidades de preparação técnica, não sei se revelaram qualidades pedagógicas. Tenho dúvidas, porque há muita gente que tira um mestrado apenas e só por uma preparação de ordem teórico-prática, mas não propriamente para ensinar.

A maior parte das faculdades tem um número mínimo de doutores em Direito. Há mesmo algumas faculdades que têm só 2 doutores em Direito, o resto baseia-se em mestres e licenciados.

Mais de 90% dos alunos que terminam os seus cursos optam pela advocacia. Encontra alguma explicação para este facto?

A sociedade empurra-os para isso. A sociedade considera que só é boa gente quem exerce a magistratura, o notariado ou é advogado, e que o resto não são profissões dignas de um licenciado, esquecendo-se que hoje em dia um licenciado em Direito é muito importante em todas as outras profissões. Por exemplo: na área das finanças, onde se lida com problemas gravíssimos dos cidadãos; na área do funcionalismo dos tribunais, onde há uma menor atenção para com os funcionários, quando são eles que mexem nos processos, são eles que orientam, de alguma forma, o caminho físico dos processos e que têm um relacionamento privilegiado com o público. A licenciatura em Direito deveria servir para mais coisas.

A Ordem dos Advogados está preparada para receber todos estes licenciados?

De maneira nenhuma. Aliás, tem revelado que não está preparada para isso. Basta dizer que neste momento temos a frequentar o 5.° ano de Direito cerca de 2 500 alunos em Portugal.

Que conselhos daria a um potencial jurista?

Que estude. Que se prepare. Que se disponha a servir os outros. E que entenda que pelo facto de servir os outros há sempre um serviço para si próprio, mais do que moral, também material. Consegue concerteza, sob o ponto de vista material, obter a recompensa que procura, embora do ponto de vista moral vá tê-la mais cedo... Mas que não tenha pressa, porque eu nunca vi ninguém que quisesse vencer que não tivesse vencido. Mais cedo ou mais tarde, mas consegue concerteza. O que não se pode é entrar por cima. Nenhuma casa foi ainda feita pelo tecto, nenhuma construção se faz sem fazer os alicerces, e isto é que é o fundamental. Este facilitismo tem que acabar e o jovem que se dedique e permaneça dedicado consegue concerteza.

O que é, para si, ser advogado?

Para mim, ser advogado é ter um conceito de justiça trabalhado, ter uma personalidade de defesa desse conceito de justiça custe o que custar. Obviamente, sem envolver confronto físico, mas antes um confronto de ideias. É pôr todo o seu ser ao serviço desse ideal de justiça. Desde que ele coincida com o da pessoa que se está a defender... se não coincidir... Nós não podemos aceitar ser advogado de um indivíduo apenas e só para ganhar dinheiro, estando firmemente convencidos que estamos a trabalhar para um ideal de justiça que não é o nosso.[2]

---

[2] Esta entrevista foi realizada no dia 23 de Abril, de 2001, e publicada na íntegra no n.º 4 do Jornal DerectUM. O DerectUM é o jornal da AEDUM.

MAGISTRATURA

1. Introdução

O universo da magistratura compreende duas profissões jurídicas, autónomas e independentes, com esferas de acção diferentes: magistrado judicial (juiz) e magistrado do Ministério Público (adiante designado MP).

A magistratura constitui um pilar fundamental de prossecução da harmonia social e do amenizar das tensões sociais. Esta é uma das razões porque é muito importante que tanto os juizes como os magistrados do MP estejam atentos ao que se passa na sociedade, de modo a que consigam identificar os valores vigentes e os fenómenos sociais que deles decorrem. Este conhecimento sociológico é necessário, sobretudo, para desenvolverem o bom senso.

Estes profissionais devem trabalhar segundo critérios de objectividade, imparcialidade, independência e respeito pela lei.

1.1. *Magistratura judicial*

Aos juizes compete, principalmente, superintender os tribunais, apreciar causas e proceder a julgamentos.

A lei atribui aos juizes a função de apreciar e julgar os casos concretos que lhes são apresentados, através da aplicação das normas jurídicas vigentes na sociedade. É seu dever conduzir todos os julgamentos e audiências de uma forma justa e imparcial, de modo a que sejam salvaguardados os direitos legais das partes envolvidas.

As suas actividades consistem em:

– Apreciar e examinar provas documentais;
– Apreciar o depoimento das testemunhas, valorando-o;
– Ouvir a apresentação e defesa dos advogados;
– Avaliar a admissibilidade das provas apresentadas;

– Assegurar o cumprimento de regras e procedimentos dos processos legais.

Os juizes, no seu trabalho, podem trocar impressões com os colegas, o que não reveste o aspecto de colaboração, são simples conversas. Nos julgamentos em tribunal colectivo, os 3 juizes são "o julgador". Cada um dos juizes apreciará a causa e as provas de acordo com a sua consciência. Quando julgam apenas estão sujeitos à lei.

Onde trabalham os juizes?

Os juizes podem trabalhar em tribunais judiciais e em tribunais especiais.

Os tribunais judiciais estão organizados hierarquicamente, existindo os de 1ª instância, os de 2ª instância e o Supremo Tribunal de Justiça, designando-se os juizes que neles trabalham, juizes de direito, juizes desembargadores e juizes conselheiros, respectivamente. São exemplos de tribunais especiais o Tribunal Constitucional, o Tribunal de Contas, os Tribunais Administrativos e Fiscais e os Tribunais Militares.

1.2. *Magistratura do Ministério Público*

Aos magistrados do MP cabe, principalmente, representar o Estado, exercer a acção penal, defender a legalidade democrática e os interesses das pessoas a quem o Estado deve protecção.

Neste sentido, compete aos magistrados do MP executar diversas tarefas deste órgão do Estado, das quais destacamos:

– Dirigir investigações criminais;
– Patrocinar os trabalhadores e as suas famílias na defesa dos seus direitos de carácter social;
– Representar o Estado, as regiões autónomas, as autarquias locais, os incapazes, os incertos e os ausentes em parte incerta;
– Promover e cooperar em acções de prevenção da criminalidade;

– Exercer funções consultivas;
– Promover a execução das decisões dos tribunais.

A título exemplificativo, são os magistrados do MP que dirigem as investigações de um homicídio, que defendem os direitos de um jovem sujeito a maus tratos pela família e que representam e defendem o Estado junto dos tribunais.

Os magistrados do MP podem trabalhar em equipa num determinado caso concreto, quando a complexidade do caso o exigir, e, por exemplo, no âmbito do direito de menores. Nesta área praticamente todos os concelhos dispõem de "comissões de protecção de menores" onde estão representadas as forças policiais, as autarquias, professores, etc.

Como trabalham os magistrados do Ministério Público?

A designação dos magistrados do MP varia consoante o plano hierárquico em que exercem as suas funções:

– <u>Procuradores Adjuntos</u>: são a base do MP, exercendo função em comarcas ou grupos de comarcas;
– <u>Procuradores da República</u>: são os magistrados que exercem função na sede de cada círculo judicial e nas comarcas sede de distrito judicial;
– <u>Procuradores Gerais Adjuntos</u>: são os que representam o MP nos tribunais de 2ª instância e substituem o <u>Procurador Geral da República</u> no Supremo Tribunal de Justiça e em tribunais especiais, como o Tribunal de Contas e o Tribunal Constitucional.

Aos magistrados do MP é possível trabalhar como <u>auditores jurídicos</u>, exercendo função de consultadoria jurídica, em ministérios, junto de membros do Governo e outros responsáveis da Administração Pública central.

1.3. *Funções comuns a ambas as magistraturas*

Tanto os juízes como os magistrados do MP podem exercer funções em diversos órgãos integrados no poder judicial, tais como o Conselho Superior da Magistratura, o Conselho Superior do MP ou o Conselho Consultivo da Procuradoria Geral da República. Podem, também, trabalhar como inspectores, competindo-lhes colher informações sobre os serviços e mérito dos magistrados e proceder a inspecções, inquéritos e sindicâncias.

O quadro que se segue indica-nos o número de magistrados ao serviço, nos tribunais judiciais, desde 1994 até 1999:

Ano	Magistrados Judiciais	Magistrados MP
1994	1095	922
1995	1165	942
1996	1231	939
1997	1267	964
1998	1324	982
1999	1364	989

Fonte: Gabinete de Estudos e Planeamento do Ministério da Justiça.

2. Acesso e evolução na carreira

2.1. *Como ingressar no CEJ*

A entrada dos magistrados judiciais e dos magistrados do MP no mercado de trabalho está centralizada na própria entidade responsável pela formação inicial e contínua dos magistrados: o Centro de Estudos Judiciários (CEJ).

Todos os anos, o Conselho Superior de Magistratura e o Conselho Superior do MP comunicam ao CEJ quantos magistrados necessitam e este abre concurso de admissão com o número de vagas indicado. Quem terminar os estudos no CEJ é imediatamente nomeado para a comarca que dele necessitar. O exercício desta profissão não está condicionado por eventuais dificuldades em se conseguir emprego, mas pelo acesso ao CEJ. Apesar do número de vagas ser insuficiente em relação ao número de candidatos que se apresentam, tem-se registado o aumento do número de vagas, abertas pelo CEJ, em virtude do aumento contínuo do volume de processos nos tribunais [3].

O ingresso no CEJ exige que os candidatos sejam cidadãos portugueses, possuam licenciatura em Direito há, pelo menos, 2 anos no momento da abertura do concurso de ingresso e reúnam os demais requisitos de ingresso na função pública [4]. Este concurso é declarado aberto pelo Ministro da Justiça durante o mês de Outubro por aviso publicado no *Diário da República*, com a indicação dos lugares a preencher em cada magistratura.

---

[3] Nos dois últimos anos as vagas não foram preenchidas na totalidade, o número de candidatos declarados aptos na fase do concurso foi reduzido.

[4] Cfr. infra pág. 91 e ss.

O acesso ao CEJ realiza-se, em regra, mediante graduação em testes de aptidão de natureza jurídica e cultural, os quais integram uma fase escrita, uma fase oral e uma entrevista a realizar por ocasião da fase oral.

2.1.1. *Fase escrita*

A fase escrita compreende:

– Uma redacção sobre temas culturais, sociais ou económicos;
– Resolução de questões práticas de dto. civil e comercial e de dto. processual civil;
– Resolução de questões práticas de dto. criminal e de dto. processual penal.

Cada prova da fase escrita é classificada segundo um processo valorimétrico, numa escala de 0 a 20, sendo admitidos à fase oral os candidatos que obtenham classificação mínima de 10 valores na fase escrita.

2.1.2. *Fase oral*

A fase oral compreende:

– Uma conversação sobre temas de deontologia, metodologia e sociologia relacionados com a administração da justiça;
– Uma discussão sobre dto. civil e comercial e dto. processual civil;
– Uma discussão sobre dto. criminal e dto. processual penal;
– Um interrogatório sobre temas de dto. constitucional, comunitário, administrativo, trabalho e família e menores.

Cada prova da fase oral é classificada numa escala de 0 a 20 valores.

A <u>entrevista</u> é classificada com a menção de *favorável* ou *não favorável*.

São excluídos os candidatos que não obtenham em cada prova da fase oral classificação mínima de 10 valores e os que, na entrevista, não obtenham menção *favorável*.

A classificação final corresponde à média aritmética das classificações obtidas nas provas da fase oral e, em reunião dos presidentes dos júris, os candidatos são declarados *aptos* e *não aptos*, elaborando-se uma lista por ordem decrescente de graduação numa escala de 0 a 20, segundo um processo valorimétrico. Em caso de igualdade atende-se, sucessivamente, à média aritmética das classificações obtidas na fase escrita, à nota de licenciatura e à idade, preferindo os mais velhos.

2.2. *Frequência do CEJ*

Uma vez admitidos, os candidatos iniciam a sua formação com o estatuto de <u>auditores de justiça</u>. O período de formação inicial tem a duração de 32 meses e compreende duas fases: um período de actividades teórico-práticas (22 meses) e um período de estágio (10 meses).

2.2.1. *Fase teórico-prática*

A <u>fase teórico-prática</u> tem como objectivos principais enriquecer e consolidar a cultura jurídica dos auditores numa vertente sobretudo profissionalizante e levá-los a reflectir sobre as regras deontológicas e o sentido ético da função.

Terminado este período de formação, os auditores de justiça são classificados de 0 a 20 valores e, caso obtenham aproveitamento, prosseguem para a fase de estágio, optando previamente pela magistratura que pretendem exercer. Esta opção é definitiva, na medida em que a lei não admite que estes profissionais mudem de magistratura a partir do momento em que começam a sua actividade. No caso de haver uma desproporção entre as vagas disponíveis para cada magistratura e as opções dos auditores, estes são seleccionados segundo as graduações.

2.2.2. Fase de estágio

Na <u>fase de estágio</u>, os auditores de justiça são nomeados juizes de direito ou procuradores adjuntos e exercem as funções inerentes à respectiva magistratura (com a assistência de formadores, mas sob responsabilidade própria). Este exercício da função desenvolve-se progressivamente, tendo em conta a complexidade e o volume de serviço e tem como objectivos aprofundar os conhecimentos adquiridos, treinar os magistrados na prática judiciária e apurar o sentido de responsabilidade e as capacidades de ponderação e de decisão dos magistrados.

Terminado o estágio, os magistrados são colocados em regime de efectividade na comarca para a qual foram nomeados.

2.3. Evolução profissional

A evolução profissional é idêntica para ambas as magistraturas, apesar de se processar em carreiras distintas. Uma vez terminada a fase formativa, os magistrados são, em regra, nomeados para uma <u>comarca de primeiro acesso</u> e, ao fim de alguns anos, para uma <u>comarca de acesso final</u>, que corresponde a um tribunal de grande movimento, ou seja, localizado numa grande cidade. Depois de vários anos, transitam para os tribunais de 2ª instância. O topo de carreira corresponde ao exercício de função no Supremo Tribunal de Justiça. Aos magistrados é, ainda, possível desempenhar as funções de Vice Procurador Geral da República ou Procurador Geral da República, os mais altos dignatários do MP (estes cargos podem ser ocupados por pessoas que não sejam magistrados ou juristas).

A ascensão profissional dos magistrados processa-se, de um modo geral, com base na antiguidade e nas classificações de serviço a que estes profissionais são sujeitos.

No decorrer da carreira, os magistrados são obrigados a frequentar acções de formação complementar, levadas a cabo pelo CEJ. Este proporciona ainda áreas de formação permanente, de frequência voluntária, que visam promover o debate de novas questões da vida judiciária.

Evolução do número de candidatos ao CEJ e do número de vagas abertas nos últimos anos:

Ano	Candidatos	Vagas	Vagas Magistratura Judicial	Vagas Magistrados MP
93/94	927	130	100	30
94/95	1164	120	100	20
95/96	1394	120	80	40
96/97	1551	120	80	40
97/98	1872	120	60	60
98/99	1835	120	50	70
99/00	896	140	70	70
00/01	1053	130	65	65

Fonte: Centro de Estudos Judiciários.

3. Assessores das Magistraturas

O STJ e os Tribunais de Relação dispõem de assessores que coadjuvam os magistrados judiciais e os magistrados do MP. Nos tribunais judiciais de 1ª instância, quando a complexidade e o volume do serviço o justifiquem, também poderá haver assessores.

Os assessores do STJ são nomeados pelo Conselho Superior de Magistratura ou pelo Conselho Superior do MP, em comissão de serviço, por 3 anos, não renovável, de entre juizes de 1ª instância e procuradores ou delegados do Procurador da República com classificação não inferior a *Bom com distinção* e antiguidade não inferior a 5 anos e não superior a 15.

Os assessores dos Tribunais de Relação e dos Tribunais de 1ª instância são recrutados:

- De entre os candidatos ao ingresso no CEJ, classificados de *aptos*, que tenham excedido o número de vagas disponíveis para auditores de justiça;
- De entre os oficiais de justiça habilitados com licenciatura em Direito que tenham, pelo menos, 5 anos de serviço e classificação não inferior a *Bom*.

Os interessados devem requerer a sua admissão ao concurso, nos termos e nos prazos estabelecidos no aviso publicado em *Diário da República* depois de publicada a portaria que fixa o número de assessores.

O curso de formação a realizar no CEJ tem a duração de 3 meses e visa proporcionar aos candidatos a preparação técnica e humana que os habilite ao correcto desempenho das funções.

A prestação de cada candidato a assessor é avaliada de acordo com critérios de avaliação contínua e de avaliação final. No termo da avaliação contínua, será atribuída nota numa escala de 0 a 20 valores. As provas de avaliação final compreendem uma fase escrita e uma fase oral.

A fase escrita compreende uma prova que consiste na elaboração de:

– Projecto de peça processual da área da magistratura judicial;
– Projecto de peça processual da área da magistratura do MP;
– Uma nota de síntese a partir de textos de natureza jurídica.

A prova é avaliada numa escala de 0 a 20, sendo excluídos os candidatos que obtenham nota inferior a 10.

À fase oral é atribuída nota numa escala de 0 a 20 valores, correspondente à média aritmética das notas atribuídas a cada uma das provas.

A nota final corresponde à média das classificações atribuídas na avaliação contínua, na prova escrita e na prova oral. São excluídos os que obtiverem nota inferior a 10 valores.

Os assessores têm possibilidade de ingressar na magistratura. Os assessores com 3 anos de exercício efectivo de função com boa informação de serviço têm acesso ao CEJ, com isenção da fase escrita, prestando apenas provas orais, e devem requerer o ingresso no primeiro curso posterior à data de cessação de funções.

Os assessores são admitidos em comissão de serviço por 3 anos, a qual pode ser prorrogada por duas vezes, por períodos de um ano.

4. Curiosidades

4.1. *Condições de trabalho*

Os magistrados possuem um horário de trabalho flexível, não são obrigados a cumprir uma determinada carga horária, organizando o seu tempo de trabalho em função do número e complexidade dos julgamentos que têm de realizar e dos processos judiciais a seu cargo que necessitam de ser despachados.

Esta liberdade de gestão de agenda é muito condicionada pelo grande volume processual existente. Os juízes estão particularmente condicionados no modo como organizam o seu tempo, visto que uma vez afectos a um determinado processo não o podem entregar a outros colegas de profissão, enquanto os magistrados do MP podem ser substituídos, de acordo com as necessidades.

O local de trabalho é o tribunal. O tempo é dividido entre o gabinete onde analisam e despacham os processos e salas onde têm lugar os julgamentos e as audiências. De acordo com a lei, os magistrados são obrigados a residir na circunscrição judicial onde exercem funções, podendo ausentar-se, apenas, em alturas específicas (férias judiciais, fins-de-semana,...).

4.2. *Retribuição*

Como os magistrados são trabalhadores do Estado, as suas remunerações estão legalmente definidas. Os aumentos obedecem aos praticados na função pública. O sistema retributivo dos magistrados judiciais é composto pela remuneração base e pelos suplementos. A remuneração base é anualmente revista, mediante actualização do valor correspondente ao índice 100.

Apresentamos de seguida, a título de exemplo, a escala indiciária dos magistrados do Ministério Público, com base no sistema retributivo da AP de 2001.

Valor do índice 100 = 449.773$ - 2.243,46 €

Categoria / Escalão	Escala Indiciária
Procurador geral da República	260
Vice-Procurador geral da República	260
Procurador-geral-adjunto com 5 anos de serviço	250
Procurador-geral-adjunto	240
Procurador da República	220
Procurador-adjunto	
Com 18 anos de serviço	200
Com 15 anos de serviço	190
Com 11 anos de serviço	175
Com 7 anos de serviço	155
Com 3 anos de serviço	135
Ingresso	100

Fonte: Sistema retributivo da AP 2001

4.3. *Perspectivas*

Tendo em conta as suas características, não se espera que a profissão de magistrado venha a sofrer grandes alterações nos próximos tempos.

Por um lado, o acesso continua a ser limitado pelo *numerus clausus* do CEJ, ou seja, pelas indicações dadas pelos Conselhos Superiores de ambas as Magistraturas. Por outro lado, o plano curricular do CEJ foi recentemente reestruturado, pelo que se deverá manter nos moldes actuais durante os anos mais próximos.

O mercado de trabalho dos magistrados está garantido, uma vez que são eles que exercem o poder judicial e serão sempre necessários.

As tendências até agora verificadas deixam antever que se continuará a aumentar gradualmente o número de magistrados.

O desenvolvimento do processo de unificação europeia levará ao aumento da importância do dto. comunitário no dia a dia destes profissionais.

5. Opinião

Dr. Fernandes Freitas,
Juíz do 1.º Juízo do Tribunal
de Trabalho de Braga

Que comentário lhe merece o actual estado do ensino do Direito em Portugal?

Como é por demais conhecido e comentado, de há uns tempos a esta parte houve uma proliferação de cursos de Direito que fez aumentar desmesuradamente o número de licenciados à procura de uma saída profissional.

De acordo com as regras de mercado, se se verificar uma oferta excessiva de determinado produto, a tendência é para aumentar a qualidade desse mesmo produto, como forma de manter a procura.

Em relação aos cursos de Direito, porém, e pelo que nos é dado observar, e tem sido, de resto, constatado quer pela Ordem dos Advogados e pelos examinadores do C.E.J., o aumento da oferta não acompanhou o aumento da qualidade do ensino.

O ensino do Direito geralmente ministrado nas diversas Escolas continua a privilegiar a teoria, quando não atribuindo-se a primazia ao "magister dixit", sendo certo que seria bem mais interessante e útil para o futuro exercício das diversas funções inerentes ao Curso um ensino mais pragmático, partindo de casos concretos e versando situações do dia-a-dia. Um contacto directo com os Tribunais proporcionaria não só um manancial de casos que podiam ser objecto de estudo (o direito material aplicável), mas também, e sobretudo, dava ensejo a que os alunos se familiarizassem com as questões de direito adjectivo suscitadas nos processos.

Mas não são só dificuldades técnicas que se verificam, também o abandono de uma cultura humanística que, a meu ver, o licenciado em Direito deve possuir, até pelas funções a que vai ser chamado a exercer.

A Magistratura é uma carreira aliciante? Tem preenchido as expectativas de quem por ela opta?

Penso honestamente que é uma das mais aliciantes das carreiras existentes.

Por um lado, é gratificante resolver os problemas das pessoas.

Por outro, são interessantes os desafios que qualquer julgamento nos coloca. Como se sabe, o nosso sistema de prova privilegia a prova testemunhal. A apreciação de um depoimento envolve um sem número de regras e de circunstâncias e o próprio conhecimento do ambiente social em que se move a testemunha, tudo a dever ser caldeado com uma grande dose de bom senso. É, assim, gratificante verificar que se fez um bom julgamento, porque se conseguiu reconstituir a situação em apreciação.

A Magistratura preenche, a meu ver, as expectativas de quem por ela opta, desde que, desde o início, se tenha a consciência que se trata de uma carreira que não permite enriquecer embora permita um relativo bem-estar económico.

É uma saída com futuro?

A sociedade caminha cada vez mais para uma especialização das diversas carreiras profissionais. Actualmente, e no que se refere ao Direito, cada vez se torna mais necessário recorrer a um Advogado logo desde a fase pré-negocial porque a "palavra" já não é suficiente. Cabe aos Magistrados interpretar a vontade das partes e dirimir os conflitos.

Felizmente (ou, talvez, infelizmente) as carreiras da Magistratura constituem saídas profissionais com futuro.

Felizmente porque isso significa que os Tribunais assumem cada vez mais o papel de últimos garantes dos direitos individuais dos cidadãos, mantendo elevados níveis de credibilidade, apesar de se ter tornado moda falar na morosidade da justiça e criticar as decisões judiciais fora das instâncias adequadas e as mais das vezes por quem não possui a mínima preparação técnica para o efeito. Infelizmente porque a concorrência desmedida que se instalou na nossa sociedade e a evolução rápida das técnicas de produção, traz consigo um aumento de situações de violação das regras da boa fé e dos direitos individuais do cidadão. Por outro lado, não raras vezes é o próprio Estado que não cumpre com os compromissos que assumiu com os seus cidadãos. Para todas estas situações o recurso aos Tribunais apresenta-se como o único meio de atribuir a cada um o que é seu ("suum cuique tribuere").

Infelizmente porque são cada vez mais elevados os níveis de violência na sociedade, felizmente porque aumenta também a consciência dos cidadãos dos direitos que lhes assistem e dos instrumentos de que dispõem, que lhes proporciona o recurso aos Tribunais – veja-se o instituto do apoio judiciário que permitiu uma "proletarização" do acesso à Justiça e aos Tribunais, facilitando aos economicamente mais desfavorecidos fazer valer os seus direitos violados.

Que aconselharia a quem quisesse optar pelo ingresso no CEJ?

Antes do mais que pense bem se realmente pretende seguir uma carreira profissional que tem mais de missão que de compensação económica.

Decidindo-se a ingressar na Magistratura, que comece bem cedo o contacto com os Tribunais. Isso pô-lo-á "por dentro" das coisas e das especificidades das diversas funções dos juízes e dos magistrados do M.P., útil para quando tiver de optar por uma ou por outra das magistraturas.

Aconselharia, finalmente, a que procure acompanhar o estudo das matérias teóricas com casos práticos concretos, que poderá ir buscar ao Boletim do Ministério da Justiça e a outras publicações de jurisprudência, designadamente as "Colectâneas de Jurisprudência" editadas pela Associação Sindical dos Magistrados Judiciais, o que, para além de ir criando já o hábito de investigação, fará com que fique a par não só das posições doutrinais como das jurisprudenciais quanto às questões em discussão.

REGISTOS E NOTARIADO

1. Introdução

Os registos e o notariado desempenham um papel fundamental na prossecução da segurança jurídica dos cidadãos. Neste âmbito, assumem carácter preponderante duas profissões integradas na função pública: conservador e notário.

O conservador é um funcionário do Estado que tem por função chefiar a conservatória, que poderá representar diferentes áreas, tais como os registos civil, predial, comercial e de propriedade automóvel. Os seus direitos e deveres estão fixados nos diplomas que regem estas conservatórias, estando disciplinarmente sujeito ao Conselho Superior Judiciário.

O notário é igualmente um funcionário público com estatuto regulado no *Código do Notariado*, que define a nomeação, promoção, disciplina, direitos, obrigações e competências dos notários, bem como as formalidades e valor dos actos que praticam no exercício das suas funções. Este funcionário tem por competência inerente a intervenção em todos os actos extrajudiciais a que os interessados pretendam ou devam dar certeza e autenticidade. No âmbito das demais funções, destacamos a exaração de escrituras, o registo de testamentos e de todos os outros documentos autênticos extra-oficiais, permitindo esta intervenção conferir aos documentos carácter autêntico, isto é, com valor probatório pleno.

2. Procedimento de ingresso

O procedimento de ingresso na carreira de conservador e notário é regulado pelo Dec. Lei n.° 206/97, de 12 de Agosto.

A Direcção-Geral dos Registos e do Notariado (adiante designada DGRN) faz publicar no *Diário da República* aviso de abertura do procedimento de ingresso.

São condições de admissão ao procedimento de ingresso:

– Ser licenciado em Direito por universidade portuguesa ou possuir habilitação académica equivalente à face da lei portuguesa;

– Preencher os requisitos gerais para acesso na função pública [5].

O procedimento de ingresso integra as seguintes fases:

1 – Provas de aptidão;
2 – Curso de extensão universitária ou de formação;
3 – Estágio;
4 – Provas finais.

2.1. *Provas de aptidão*

Nas provas de aptidão são utilizados os seguintes métodos de selecção:

– Provas de conhecimentos;
– Exame psicológico.

---

[5] Cfr. infra págs. 91 e ss.

2.1.1. Provas de conhecimentos

As provas de conhecimentos consistem em provas escritas sobre matérias de direito privado relacionadas com os registos e o notariado. O programa das provas é aprovado por despacho do Ministro da Justiça.

2.1.2. Exame psicológico

São submetidos a exame psicológico os candidatos que tenham obtido classificação não inferior a 9,5 valores nas provas de conhecimentos. Aos resultados do exame psicológico são atribuidas as menções de *Favorável preferencialmente, Bastante favorável, Favorável, Favorável com reservas* e *Não favorável*. São eliminados do procedimento de ingresso os candidatos com menção de *Não favorável*.

O júri do procedimento de ingresso, face aos resultados das provas de aptidão, elabora a lista dos candidatos admitidos à frequência do curso de extensão universitária ou do curso de formação.

A lista dos candidatos admitidos ao curso de extensão universitária ou de formação é publicada no *Diário da República*, sendo aqueles considerados auditores dos registos e do notariado.

2.2. Curso de extensão universitária ou de formação

2.2.1. Curso de extensão universitária

Este curso tem a duração de 6 meses, sendo a data do seu início fixada pelo director-geral, ouvidos os órgãos directivos da faculdade em que se realizar (tem-se realizado em Coimbra). Os candidatos admitidos ao curso de extensão universitária são avisados da data do seu início por carta registada com aviso de recepção, com antecedência não inferior a 15 dias. Os programas e as disciplinas a ministrar são definidos em protocolo celebrado entre a DGRN e a universidade em que se realizar o curso. A avaliação dos conhecimentos é efectuada, no final do curso, por testes escritos.

2.2.2. Curso de formação

O curso de formação, que substitua o curso de extensão universitária, tem a duração de 6 meses, sendo-lhe aplicável, com as necessárias adaptações, o disposto para o curso de extensão universitária.

Efectuadas as provas, o júri classifica os candidatos de acordo com um processo valorimétrico de 0 a 20, e afixa na sede da DGRN a pauta com os resultados.

2.2.3. Auditores dos registos e do notariado

Os candidatos admitidos ao curso de extensão universitária ou de formação e ao estágio subsequente são considerados auditores dos registos e do notariado. Os auditores são admitidos por contrato administrativo de provimento e estão sujeitos aos direitos, deveres e incompatibilidades dos conservadores e notários, sendo-lhes vedado exercer actividades de advogado ou de solicitador ou frequentar os respectivos estágios. Os auditores que sejam funcionários da AP frequentam o curso de extensão universitária ou o curso de formação e o estágio subsequente em regime de comissão de serviço extraordinária e podem optar pela remuneração do lugar de origem. Os auditores podem inscrever-se nos Serviços Sociais do Ministério da Justiça se não forem benificiários de outro sistema de segurança social.

2.3. *Estágio*

Findo qualquer um dos cursos com aproveitamento, os auditores são admitidos à realização do estágio, com a duração de 12 meses, sob a orientação de conservadores e notários formadores. As áreas funcionais em que é realizada cada fase do estágio, bem como a duração de cada fase e as respectivas precedências, são fixadas por despacho do director-geral.

O estágio visa proporcionar uma formação adequada, em especial de carácter prático, ao exercício das funções de conservadores e notários. Os auditores executam as tarefas que lhes forem distribuídas e procedem ao estudo das questões de natureza teórica que lhes forem indicadas pelo formador. Os formadores são designados por despacho do director-geral de entre conservadores e notários classificados pelo menos de *Bom com distinção*.

A relação das conservatórias e cartórios notariais onde pode ser realizada cada fase do estágio é publicada no *Diário da República*. No prazo de 10 dias a contar da publicação, os auditores dos registos e do notariado devem indicar, por ordem decrescente de preferência, pelo menos cinco serviços de cada área funcional em que deva ter lugar cada fase do estágio. A colocação dos estagiários obedece aos critérios de melhor aproveitamento no curso, melhor classificação nas provas de aptidão e situação familiar.

Os auditores dos registos e do notariado são colocados por despacho do director geral, com indicação da data de início do estágio em cada fase. Os auditores iniciam o estágio perante o formador responsável pela primeira fase e, concluída esta, transitam para as fases seguintes nas datas previstas no despacho proferido pelo director geral.

Findo o estágio, o júri do procedimento de ingresso atribui aos auditores a menção de *Muito bom*, *Bom com distinção*, *Bom*, *Suficiente* ou *Insuficiente*. São eliminados do procedimento os auditores classificados com a menção de *Insuficiente*.

2.4. *Provas finais*

As provas finais são <u>escritas</u> e <u>orais</u>, destinando-se a apreciar a preparação e a capacidade dos candidatos para o exercício das funções de conservador e notário e a permitir a graduação do mérito relativo dos concorrentes.

As provas finais de ingresso devem realizar-se nos seis meses posteriores ao termo do estágio. A realização das provas é publicada mediante aviso publicado pela DGRN no *Diário da República*, com 30 dias de antecedência sobre a data da sua realização. Este aviso contém o programa geral das provas, a data, o local e a duração de cada prova escrita.

2.4.1. *Provas finais escritas*

As <u>provas escritas</u> são quatro, consistindo na resolução de questões práticas de registo civil, de registo predial ou comercial, de notariado e de organização e gestão de serviços públicos. As provas escritas são classificadas de 0 a 20 valores. Os auditores com média inferior a 5 valores numa das provas escritas ou com média no conjunto das provas inferior a 8 valores são excluídos. Os auditores com média aritmética das provas escritas igual ou superior a 12 valores são dispensados das provas orais.

2.4.2. *Provas finais orais*

As <u>provas orais</u> têm início após a afixação da classificação das provas escritas. Os resultados das provas orais são valorados de 0 a 20. A classificação final dos auditores que prestarem provas orais é a obtida nestas, ponderada a classificação da prova escrita.

Os auditores aprovados nas provas finais são classificados com a menção de *Muito bom, Bom com distinção, Bom ou Suficiente*. A classificação e graduação dos auditores são publicadas no *Diário da*

República. Com esta publicação os auditores aprovados nas provas finais são considerados adjuntos de conservador ou notário.

2.5. *Adjuntos de conservador ou notário*

Os adjuntos continuam em funções nos serviços onde se encontrem, podendo ser destacados ou transferidos por despacho do director-geral para os serviços centrais ou para conservatórias ou cartórios, em função da necessidade ou conveniência dos serviços.

Os adjuntos de conservador ou notário mantêm, conforme os casos, o regime de contrato administrativo de provimento ou de comissão de serviço extraordinária e estão sujeitos aos direitos, deveres e incompatibilidades dos conservadores e notários, sendo-lhes vedado exercer as actividades de advogado e de solicitador ou frequentar os respectivos estágios.

Número de conservadores e notários entre 1994 e 1999:

Ano	Conservadores e Notários
1994	733
1995	748
1996	752
1997	770
1998	756
1999	756

Fonte: Gabinete de Estudos e Planeamento do Ministério da Justiça.

3. Retribuição

O estatuto remuneratório dos conservadores, notários e oficiais dos registos tem a particularidade de integrar duas componentes: vencimento base, que, em articulação com os novos princípios salariais, se encontra referido a uma escala indiciária e componente variável, que é fixada de acordo com o rendimento produzido pela respectiva repartição.

Valor do índice 100 = 60.549$ - 302,02 €

Designação	Escalões					
	1	2	3	4	5	6
Conservador e notário de 1ª classe.....................	500	520	550	580	610	640
Conservador e notário de 2ª classe.....................	440	450	465	485	510	535
Conservador e notário de 3ª classe.....................	380	390	405	425	445	465

Fonte: Sistema retributivo da AP 2001

4. Opinião

Dr.ª Maria Isabel Antunes Amaral,
Conservadora

Qual é a sua opinião sobre o actual estado do ensino do Direito em Portugal?

Quanto ao actual estado do ensino do direito não temos opinião formada, apenas me apercebo da falta de saídas, tendo em conta as potencialidades que um curso de direito possibilita nas diferentes áreas profissionais.

Os registos e notariado são uma carreira aliciante? Tem preenchido as expectativas de quem por ela opta?

Efectivamente a carreira dos registos e do notariado é aliciante.

Desde logo porque partindo de um tronco comum possibilita três opções: ser conservador dos Registos Predial e Comercial; Conservador do Registo Civil e Notário.

Todas as variantes têm um preço, dedicação, estudo e independência.

Pessoalmente preencheu e preenche cabalmente as expectativas que nela pus.

O estudo permanente a que estamos diariamente sujeitos com vista ao serviço público a prestar, o contacto com esse público e a realização dos seus problemas, só por si dá-nos uma grande satisfação.

É uma saída com futuro?

Se do ponto de vista de satisfação pessoal é uma profissão de futuro, também não deixa de ser do ponto de vista remuneratório, tendo em conta a maioria das actuais saídas com licenciatura em direito.

Que aconselharia a quem quisesse optar pela carreira dos registos e do notariado?

Que crie um espírito de missão, que se prepare diariamente para poder cumprir o melhor possível o serviço público que lhe está cometido, na óptica do cumprimento da legalidade com isenção, imparcialidade, independência e responsabilidade.

SOLICITADORIA

1. Introdução

O solicitador é, essencialmente, um profissional liberal do foro que exerce funções não reservadas aos advogados e que pratica actos jurídicos por conta de outrem, sendo a sua actividade regulada pelo Estatuto dos solicitadores à luz do Decreto-Lei n.° 8/99 de 8 de Janeiro .

Deste modo, um solicitador é um procurador legalmente habilitado para requerer processos ou quaisquer negócios forenses de outrem.

Como mandatário judicial, representa e defende os direitos dos cidadãos, dentro das limitações da lei do processo, aconselhando-os e acompanhando-os junto de todos os órgãos da administração central, repartições públicas e autarquias, nomeadamente junto das conservatórias, dos cartórios notariais e dos serviços da administração fiscal.

Enquanto que o advogado pode intervir em todas as áreas, o exercício das funções de solicitador circunscreve-se às limitações da lei do processo.

Só pode exercer a função de solicitador aquele que estiver inscrito na Câmara dos Solicitadores. Não obstante ser, actualmente, uma profissão com um mercado de trabalho bastante reduzido, o exercício da actividade de solicitador é bastante aliciante.

1.1. *Câmara dos Solicitadores*

A Câmara dos Solicitadores é uma Associação de Direito Público que representa todos os solicitadores do país, e que tem a sua sede em Lisboa.

O grande objectivo da Câmara dos Solicitadores é a defesa da Justiça e do Direito, propondo medidas convenientes para a realização dos interesses dos portugueses em geral e dos solicitadores em particular. Mantém relações com diversas entidades nacionais e estrangeiras, sendo membro fundador do Conselho Nacional das Profissões Liberais e do Comité de Postulantes de Justiça perante os órgãos Jurisdicionais da Comunidade Europeia.

As principais atribuições da Câmara são, fundamentalmente, as seguintes:

– Colaborar na administração da justiça, propondo todas as medidas legislativas que considere adequadas para o seu bom funcionamento;
– Atribuir o título profissional ao solicitador;
– Defender os direitos e interesses dos seus membros;
– Promover o aperfeiçoamento profissional dos solicitadores;
– Exercer a disciplina sobre os seus membros;
– Contribuir para o relacionamento com a Ordem dos Advogados e com organismos congéneres estrangeiros.

1.2. *Direitos e deveres do solicitador*

Ao solicitador compete praticar actos jurídicos por conta de outrem.

Como tal, este pode requerer, por escrito ou verbalmente, em qualquer Repartição Pública, o exame de livros, processos, documentos e passagem de certidões sem necessidade de exibir procuração. Além disso, não podem ser apreendidos documentos ao solicitador no seu escritório. O solicitador não pode ser responsabilizado pela falta de pagamento de preparos, custas ou outras despesas se, tendo pedido aos clientes as importâncias para tal necessárias, as não tiver recebido.

Em contrapartida, o solicitador também tem certos deveres. Ele deve acatar e respeitar as disposições do Estatuto e dos regulamentos elaborados pelos órgãos da Câmara, bem como as deliberações desses órgãos. Além disso, ele deve fazer tudo quanto de si depender para que sejam reembolsados dos honorários e demais quantias em dívida os colegas ou advogados a quem anteriormente tenha sido confiado assunto que agora se lhe pretenda cometer.

O solicitador é obrigado a manter e respeitar o silêncio profissional.

Se considerar que o solicitador se revelou negligente ou não cumpriu devidamente as regras éticas e deontológicas a que está legalmente sujeito na condução do processo, o cidadão pode participar os factos à Câmara dos Solicitadores para instauração do respectivo processo disciplinar, independentemente do facto de intentar ou não uma acção judicial para obtenção de eventuais indemnizações.

Se, porventura, o cidadão considerar que os honorários requeridos pelo solicitador são excessivos, pode recorrer a qualquer dos Conselhos regionais da Câmara dos Solicitadores, que se pronunciarão, através de um laudo, quanto à razoabilidade dos honorários.

2. Acesso

O exercício das funções de solicitador exige a inscrição obrigatória na Câmara dos Solicitadores.

A cada solicitador inscrito é passada a respectiva cédula profissional, a qual serve de prova da inscrição na Câmara e do direito ao uso do título de solicitador.

Nos termos do art. 60.º do *Estatuto dos Solicitadores*, os requisitos para a inscrição na Câmara são essencialmente dois:

– ser cidadão português;
– ser titular de licenciatura em Direito e não estar inscrito na Ordem dos Advogados ou Bacharelato em Solicitadoria, ambos com diploma oficialmente reconhecido em Portugal, sem prejuízo da realização de provas, nos termos do regulamento da inscrição.

A inscrição na Câmara é requerida ao Presidente do Conselho Regional da área onde se pretende abrir o escritório. Não é permitida a inscrição simultânea em mais de um conselho regional.

2.1. *Estágio*

A inscrição não é concedida antes de se cumprir um estágio com duração de 18 meses, que se divide em dois períodos distintos: um com duração mínima de 6 meses e outro com a duração máxima de 12 meses. O primeiro período de estágio destina-se a um aprofundamento técnico dos estudos ministrados nas escolas e ao relacionamento com as matérias directamente ligadas à prática da Solicitadoria. O segundo período de estágio destina-se a uma apreensão da vivência da solicitadoria, através do contacto pessoal com o normal funcionamento de um escritório de solicitador, dos tribunais e de outras repartições ou serviços relacionados com a administração da Justiça.

O estágio inicia-se uma vez por ano, em data a fixar pelo Conselho Geral.

A admissão ao estágio deve ser requerida pelo candidato ao conselho regional respectivo, até 30 dias antes da data do início de cada estágio, indicando o local onde o pretende fazer e apresentando os seguintes documentos:

– certificado do registo criminal;
– comprovativo das habilitações literárias;
– duas fotografias.

O estagiário desenvolve a sua actividade orientado por um solicitador com, pelo menos, 5 anos de exercício. A formação complementar do estágio é coordenada por um grupo orientador do estágio. O estagiário será considerado apto por esse grupo orientador quando revelar conhecimentos teóricos e práticos relativamente às seguintes matérias:

– Direito civil e processo civil;
– Direito penal e processo penal;
– Direito comercial, fiscal e do trabalho;
– Registos e notariado;
– Deontologia profissional.

O quadro seguinte dá-nos uma ideia do número de solicitadores em exercício entre 1994 e 1999:

Ano	1994	1995	1996	1997	1998	1999
Solicitadores	1383	1561	1576	1891	1936	1663

Fonte: Gabinete de Estudos e Planeamento do Ministério da Justiça.

Fundamentalmente, o estágio tem como objectivo familiarizar o solicitador estagiário com os actos e termos mais usuais da práti-

Solicitadoria

ca forense e, bem assim, inteirá-lo dos direitos e deveres dos solicitadores.

Da boa informação no estágio, prestada pelo patrono e pelos centros de estágio, depende a inscrição como solicitador na Câmara dos Solicitadores.

3. Opinião

Dr.ª Beatriz Barros,
Solicitadora

Que comentário lhe merece o actual estado do ensino do Direito em Portugal?

Actualmente, o ensino do Direito em Portugal não está a funcionar. A meu ver, encontra-se um pouco desajustado relativamente à sociedade em que vivemos, centra-se demasiado em aspectos teóricos e esquece o lado mais prático do Direito.

Assim, o jovem advogado depara-se com inúmeras dificuldades ao iniciar-se no mundo do trabalho.

Urge rever os currículos e dotar o curso de Direito de aulas mais práticas, preparando melhor os jovens para a vida activa.

A solicitadoria é uma carreira aliciante? Tem preenchido as expectativas de quem por ela opta?

O exercício da actividade de solicitador é bastante aliciante, no entanto, nos dias de hoje é uma profissão difícil.

É uma saída com futuro?

É uma profissão sem futuro e até em vias de extinção. Assistimos, cada vez mais, à enorme proliferação da Procuradoria Clandestina.

Enquanto os advogados e solicitadores deste país não se unirem para combater drasticamente a clandestinidade, o mercado de trabalho para estes profissionais tem tendência a esgotar-se.

É urgente a união destes e outros até que o Governo apresente directivas rigorosas para controlar esta tão grave situação, pois no momento já não existe mercado de trabalho para os solicitadores e para os advogados, o que é muito injusto.

Os profissionais não têm serviço, os "lareiros" estão com imensa clientela e só quando não conseguem mesmo resolver os assuntos, ou já cometeram erros, então, remetem as pessoas para os escritórios dos Advogados e dos Solicitadores, mas entretanto, já se pagaram muitíssimo bem. É de todo injusto estes profissionais tirarem os seus cursos, pagarem os seus impostos, e os "lareiros" trabalharem tranquilamente e ninguém os aborrecer, pois declinam sempre qualquer responsabilidade nos casos.

Que aconselharia a quem quisesse optar pelo ingresso na solicitadoria?

Alguns conselhos se poderiam dar entretanto a um jovem solicitador tais como ser um bom profissional, ser justo e honesto no trabalho que presta à sociedade.

Não se pode querer andar muito rápido pois uma carreira faz-se com dedicação, esforço e muito amor.

À guisa de conclusão, poderei afirmar não desanimem, todos juntos vamos pôr fim aos "clandestinos".

1. Introdução

A maior parte das vezes deparamo-nos com situações de emprego difícil, encontramos obstáculos para desempenharmos a actividade profissional para que estamos vocacionados, a actividade profissional da nossa preferência.

O licenciado em Direito, que tenha concluído o curso com uma nota final não inferior a 14 valores, poderá, ainda, ter uma saída profissional exigente, mas aliciante: a *carreira docente universitária.*

Trata-se de uma carreira com saída na medida em que, como é sabido, regista-se um défice muito grande de docentes com o grau de doutor nas Escolas de Direito públicas e privadas. Não há nenhuma faculdade de Direito com o quadro legal preenchido.

Deste modo, esta carreira, apesar de muito exigente, torna-se aliciante pelas possibilidades de emprego que oferece e pela satisfação profissional que empreende no prosseguir das várias categorias docentes.

A carreira docente universitária é uma profissão difícil, mas estimulante do ponto de vista da realização pessoal, desde que escolhida com vocação e convicção.

O *Estatuto da Carreira Docente Universitária* (adiante designado por ECDU) encontra-se regulado no Decreto-Lei n.º 448/79, de 13 de Novembro, ratificado, com alterações, pela Lei n.º 19/80, de 16 de Julho.

2. Estatuto da Carreira Docente Universitária

O *Estatuto da Carreira Docente Universitária* aplica-se ao pessoal docente das Universidades e Institutos Universitários, instituições designadas pelo diploma, generica e abreviadamente, por Universidades.

As categorias do pessoal docente abrangido pelo diploma são as seguintes:

a) Professor catedrático;
b) Professor associado;
c) Professor auxiliar;
d) Assistente;
e) Assistente estagiário.

Além das categorias enunciadas anteriormente, podem ainda ser contratadas para a prestação de serviço docente individualidades, nacionais ou estrangeiras, de reconhecida competência científica e pedagógica e cujo interesse e necessidade sejam inegáveis para a instituição de ensino em causa.

Em geral, cumpre aos docentes universitários prestar o serviço docente que lhes for atribuído, desenvolver individualmente ou em grupo a investigação científica, contribuir para a gestão democrática da escola e participar nas tarefas de extensão universitária.

2.1. *Função dos professores*

Ao professor catedrático são atribuídas funções de coordenação da orientação pedagógica e científica de uma disciplina, de um grupo de disciplinas ou de um departamento, consoante a estrutura orgânica da respectiva escola, competindo-lhe, entre outras, as seguintes funções:

a) Reger disciplinas dos cursos de licenciatura, disciplinas em curso de pós-graduação ou dirigir seminários;
b) Dirigir as respectivas aulas práticas ou teórico-práticas;
c) Coordenar, com os restantes professores do seu grupo ou departamento, os programas, o estudo e a aplicação de métodos de ensino e investigação relativos às disciplinas desse grupo ou departamento.

Ao <u>professor associado</u> é atribuída a função de coadjuvar os professores catedráticos, competindo-lhe, nomeadamente:

a) Reger disciplinas dos cursos de licenciatura, disciplinas em cursos de pós-graduação, ou dirigir seminários;
b) Dirigir as respectivas aulas práticas ou teórico-práticas, bem como trabalhos de laboratório ou de campo;
c) Orientar e realizar trabalhos de investigação, segundo as linhas gerais previamente estabelecidas ao nível da respectiva disciplina.

Ao <u>professor auxiliar</u> compete reger disciplinas dos cursos de licenciatura e dos cursos de pós-graduação, podendo igualmente ser-lhe atribuído serviço idêntico ao dos professores associados, caso conte cinco anos de efectivo serviço como docente universitário.

2.2. *Função dos assistentes e assistentes estagiários*

São atribuições dos assistentes a leccionação de aulas práticas ou teórico-práticas e a prestação de serviço em trabalhos de laboratório ou de campo, em disciplinas dos cursos de licenciatura ou de pós-graduação sob a direcção dos respectivos professores.

Os assistentes só podem ser incumbidos pelos conselhos científicos da regência das disciplinas dos cursos quando as necessidades de serviço manifesta e justificadamente o imponham.

Aos assistentes estagiários apenas podem ser cometidas a leccionação de aulas práticas ou teórico-práticas e a prestação de serviço em trabalhos de laboratório ou de campo em disciplinas dos cursos de licenciatura.

Os assistentes e assistentes estagiários não podem, sem o seu acordo, ser incumbidos da prestação de serviço docente em mais de uma disciplina simultaneamente nem, salvo a seu requerimento, em disciplina diversa ou não pertencente às disciplinas para que foram contratados.

2.3. *Recrutamento*

A entrada na carreira docente universitária faz-se pela categoria de assistente estagiário por concurso documental. A este concurso são admitidos os licenciados ou diplomados com curso superior ou equivalente que tenham obtido a classificação final mínima de *Bom* (14 valores) e satisfaçam os demais requisitos constantes do respectivo edital, a publicar em dois jornais diários de circulação nacional e no *Diário da República*.

2.3.1. *Recrutamento de professores catedráticos e associados*

Os professores catedráticos e associados são recrutados:

a) Por transferência;
b) Por concurso documental, nos termos dos artigos 37.º a 52.º, ECDU.

A transferência pode ser requerida, conforme a categoria a que respeitar a vaga. O requerimento será dirigido ao Ministro da Educação que ouvirá a escola onde se verifica a vaga. É condição de deferimento do pedido de transferência o parecer favorável da escola consultada.

2.3.2. Recrutamento de professores auxiliares

Os <u>professores auxiliares</u> são recrutados de entre:

a) Assistentes ou assistentes convidados ou professores auxiliares convidados habilitados com grau de doutor ou equivalente;

b) Outras individualidades habilitadas com o grau de doutor ou equivalente.

Têm direito a ser contratados como professor auxiliar, logo que obtenham o doutoramento ou equivalente, os assistentes, os assistentes convidados, os professores auxiliares convidados e ainda as individualidades que tenham sido assistentes ou assistentes convidados há menos de cinco anos, desde que vinculados à respectiva escola durante pelo menos cinco anos.

2.3.3. Recrutamento de assistentes

Os <u>assistentes</u> são recrutados de entre:

a) Assistentes estagiários ou assistentes convidados, titulares de grau de mestre ou titulares de grau de diploma conferido pela universidade portuguesa ou estrangeira que comprove, à semelhança do grau de mestre pelas universidades portuguesas, nível aprofundado de conhecimentos numa área científica e capacidade para a prática de investigação, não olvidando dois anos de exercício na categoria e aprovação nas provas de aptidão pedagógica e capacidade científica, previstas nos artigos 53.º a 60.º, ECDU;

b) Outras individualidades titulares de grau de mestre ou equivalente legal, mediante deliberação do conselho científico ou, havendo-a, da respectiva comissão coordenadora.

2.3.4. Recrutamento de assistentes estagiários

O recrutamento de <u>assistentes estagiários</u> faz-se por concurso documental.

Carreira Docente Universitária 81

1. Ao concurso são admitidos os licenciados ou diplomados com curso superior ou equivalente que tenham obtido a classificação final mínima de *Bom* (14 valores), que satisfaçam os demais requisitos constantes do respectivo edital, a publicar em dois jornais diários de circulação nacional e no *Diário da República*.

2. A ordenação dos candidatos, que deverá ser feita nos termos anunciados nos editais, compete à comissão do conselho científico do grupo ou departamento respectivo, devendo ainda ser confirmado pelo conselho científico da escola funcionando em plenário ou, havendo-a, em comissão coordenadora.

3. Às funções de assistente estagiário podem candidatar-se ainda professores profissionalizados dos ensinos preparatório e secundário quando habilitados com uma licenciatura ou diplomados com curso superior equivalente, desde que tenham obtido a classificação mínima de *Bom* (14 valores) no exame de estado ou equivalente.

3. Retribuição

A progressão nas categorias faz-se por mudança de escalão, que depende da permanência de três anos no escalão imediatamente anterior, excepto nos casos dos assistentes estagiários em que a mudança de escalão depende da permanência de dois anos no escalão anterior.

O quadro seguinte apresenta a escala indiciária do pessoal docente universitário. A remuneração base mensal corresponde ao índice 100, que é fixado por portaria conjunta do Primeiro Ministro e do Ministro das Finanças.

Valor do Índice 100 = 288,720$ - 1,440,13 €

Categorias	Escalões			
	1	2	3	4
Professor catedrático	285	300	310	–
Professor associado com agregação	245	255	250	260
Professor associado e professor auxiliar com agregação	220	230	250	260
Professor auxiliar	190	205	225	235
Assistente leitor	135	140	150	–
Assistente estagiário	100	110	(a)	–

(a) Remuneração base no terceiro ano de exercício de funções.

Fonte: Sistema retributivo da AP 2001.

4. Opinião

Prof. Doutor Luís Gonçalves,
Escola de Direito
Universidade do Minho

Que comentário lhe merece o actual estado do ensino do Direito em Portugal?

O ensino do Direito acaba de viver uma década de grande "agitação", com tudo o que isso significa de positivo e negativo.

Do lado positivo, salientamos a concorrência saudável entre as diferentes escolas de direito, a abertura ao estudo de novos ramos de direito, o maior dinamismo dos estudantes, a aproximação a uma mentalidade universitária mais "europeia", um maior intercâmbio com outros países e uma actividade doutrinária mais rica e intensa.

Do lado negativo, salientamos a maior massificação do ensino, o manifesto desequilíbrio entre ensino público e privado, o abaixamento do nível médio de qualidade, o descrédito provocado pelo mau funcionamento da justiça, a excessiva e, por vezes, desencontrada produção legislativa e as dificuldades do mercado de trabalho.

Em síntese, vivemos uma fase de transição em que a linha de força deve ser a aposta num ensino de mais qualidade, sem perder de vista que, atenta a evolução acelerada a que se assiste, a formação do jurista não acaba com a licenciatura, mas deve ser constantemente actualizada através de um estudo constante, que pode (deve) passar por estudos de pós-graduação ou de especialização.

A carreira docente é uma carreira aliciante? Tem preenchido as expectativas de quem por ela opta?

É uma carreira difícil, sem grandes vantagens materiais, mas que é muito aliciante do ponto de vista da realização pessoal, desde que seja escolhida com vocação e convicção. Apesar de só estar ao alcance dos melhores alunos a "regra de ouro" da carreira deve ser a humildade. É esta mesma humildade que permite o gosto por saber mais e melhor, a disponibilidade para ensinar e o respeito por todos aqueles que querem aprender.

É uma saída com futuro?

A carreira docente universitária é uma saída com futuro embora, tudo indica, ainda menos segura do que é hoje. A universidade de amanhã, pelo menos do modo como a antecipo, penso que irá recrutar cada vez mais docentes, para fazer face não apenas às necessidades da licenciatura, mas ao número cada vez maior de estudantes de cursos de formação contínua, de especialização, mestrado e doutoramento. No entanto, como a carreira irá ter mais mobilidade do que tem hoje penso que isso se traduzirá em menor estabilidade profissional.

Que aconselharia a quem quisesse optar pelo ingresso na carreira docente?

O aluno que pensa seguir a carreira docente universitária tem de começar por ser (muito) bom aluno. Mas não chega. É necessário que tenha consciência ainda do que o espera: uma carreira muito exigente e instável, com várias provas académicas, com um ambiente nem sempre saudável e leal, mas que, se a vocação for forte, é uma opção que vale a pena. Investigar, ensinar e escrever, deixando "obra", é um privilégio que compensa todos os momentos menos bons e difíceis da carreira.

ADMINISTRAÇÃO PÚBLICA

1. Introdução

Actualmente, a Administração Pública, quer a central, quer a indirecta e a autónoma, recruta uma grande quantidade de licenciados em Direito.

Esse recrutamento visa, essencialmente, o preenchimento de vagas para apoio e consultadoria jurídicas, a exercer nas várias direcções-gerais dos diferentes ministérios, para além de um vasto leque de assessores jurídicos dos membros do Governo.

Também em relação a uma grande parte das inspecções gerais se verifica que uma das licenciaturas preferidas é exactamente a licenciatura em Direito.

No que concerne à administração periférica, o recrutamento de licenciados em Direito tem lugar nas direcções e inspecções regionais, bem como nos diversos serviços distritais.

Na administração indirecta, a qual gravita em torno da administração central, como é o caso dos institutos públicos (hospitais, universidades) e das empresas públicas, tem vindo a registar-se um aumento no recrutamento de licenciados em Direito.

Por fim, em relação à administração autónoma, quer de base territorial (câmaras municipais, juntas de freguesia), quer de base associativa (associações públicas), o corpo administrativo conta com um número cada vez mais significativo de juristas, de que estava carecido.

Sendo a Administração Pública tão vasta e abrangendo domínios cada vez mais amplos, esta área apresenta-se, actualmente, como uma das mais importantes relativamente à absorção de recém licenciados em Direito, na medida em que as suas necessidades relativamente à presença de juristas no corpo administrativo são substanciais.

2. Acesso e evolução na carreira

O regime geral de recrutamento e de selecção de pessoal para a Administração Pública encontra-se regulado pelo Decreto-Lei n.° 204/98, de 30 de Dezembro.

O recrutamento consiste no conjunto de operações tendentes à satisfação da necessidade de pessoal dos serviços e organismos da AP, bem como à satisfação das expectativas profissionais dos seus funcionários e agentes, criando condições para o acesso no próprio serviço ou em serviço diverso.

Compreende-se por selecção de pessoal o conjunto de operações que, enquadradas no processo de recrutamento e mediante a utilização de métodos e técnicas adequados, permitem avaliar e classificar os candidatos segundo as aptidões e capacidades indispensáveis para o exercício das tarefas e responsabilidades de determinada função.

Existem várias formas de acesso à Administração Pública, sendo que a mais importante é o <u>concurso</u>. O concurso obedece aos princípios da liberdade de candidatura, da igualdade de condições e da igualdade de oportunidades para todos os candidatos. O procedimento implica sempre a apresentação de candidatura formalizada e inclui a prestação de diversas provas de conhecimento.

O licenciado em Direito pode concorrer para o preenchimento de um lugar do quadro, com vista ao ingresso numa carreira e usufruindo dos naturais privilégios relacionados com a função pública.

2.1. *Procedimento*

O aviso de abertura do concurso público é publicado no *Diário da República*, II Série, sendo ainda publicado em órgãos de imprensa de expansão nacional.

O aviso terá que conter:

– Requisitos gerais e especiais de admissão a concurso;
– Remunerações e condições de trabalho;
– Categoria, carreira, área funcional, e serviço para que é aberto concurso;
– Local da prestação de trabalho;
– Número de lugares a preencher, prazo de validade;
– Métodos de selecção, composição do júri, entre outros elementos.

2.2. *Requisitos de Admissão*

Só podem ser admitidos a concurso os candidatos que satisfaçam os requisitos gerais de admissão a concurso e provimento em funções públicas, bem como os requisitos especiais legalmente exigidos para o provimento dos lugares a preencher.

São requisitos gerais de admissão:

a) Ter nacionalidade portuguesa, salvo nos casos exceptuados por lei especial ou convenção internacional;

b) Ter 18 anos completos;

c) Possuir as habilitações literárias ou profissionais legalmente exigidas para o desempenho do cargo;

d) Ter cumprido os deveres militares ou de serviço cívico, quando obrigatório;

e) Não estar inibido do exercício de funções públicas ou interdito para o exercício das funções às quais se candidata;

f) Possuir a robustez física e o perfil psicológico indispensáveis ao exercício da função e ter cumprido as leis de vacinação obrigatória.

A não apresentação dos documentos comprovativos dos requisitos de admissão exigíveis nos termos do Decreto-Lei n.º 204/98 e constantes do aviso de abertura determinam a exclusão do concurso.

2.3. *Modalidades do concurso*

O concurso pode classificar-se, quanto à origem dos candidatos, em:

– Interno/externo: consoante o concurso seja aberto a todos os indivíduos ou apenas aberto a funcionários ou agentes que, a qualquer título, exerçam funções correspondentes a necessidades permanentes há mais de um ano nos serviços e organismos da administração central, bem como nos institutos públicos nas modalidades de serviços personalizados do Estado e de fundos públicos.

O concurso pode ainda classificar-se, quanto à natureza das vagas, em:

– De ingresso/de acesso: consoante vise o preenchimento de lugares das categorias de base ou o preenchimento das categorias intermédias e de topo das respectivas carreiras.

O prazo de validade do concurso é fixado pela entidade competente para autorizar a sua abertura entre o mínimo de 3 meses e um máximo de 1 ano, sem prejuízo dos concursos abertos apenas para preenchimento das vagas existentes.

O júri, responsável pela realização de todas as operações do concurso, é composto por um presidente e dois ou quatro vogais efectivos.

Para além dos concursos, a Administração Pública pode ainda recrutar pessoal para os diferentes quadros através de outras formas de contratação.

Uma dessas formas é a *celebração de contratos de trabalho*, precedida da publicação da oferta de emprego num jornal local, regional ou nacional.

De destacar, por fim, que a Administração Pública celebra, com bastante frequência, *contratos de prestação de serviços* à luz do Decreto-Lei n.° 197/99, de 8 de Junho, sendo que, normalmente, as

94   *Guia de Saídas Profissionais*

entidades administrativas pretendem licenciados em Direito que estejam inscritos na Ordem dos Advogados para exercerem funções de contencioso.

2.4. *Métodos de selecção*

A definição dos métodos de selecção e respectivo conteúdo e, quando for caso disso, dos programas das provas de conhecimentos aplicáveis a cada categoria é feita em função do complexo de tarefas e responsabilidades inerentes ao respectivo conteúdo e ao conjunto de requisitos de natureza física, psicológica, habilitacional ou profissional exigível para o seu exercício.

Nos concursos podem ser utilizados, isolada ou conjuntamente, e com carácter eliminatório, os seguintes métodos:

a) Provas de conhecimento;
b) Avaliação curricular.

a) As <u>provas de conhecimento</u> visam avaliar os níveis de conhecimentos académicos e profissionais dos candidatos, podem assumir forma escrita ou oral, e revestir natureza teórica ou prática. Estas provas podem comportar mais de uma fase, podendo qualquer uma delas ter carácter eliminatório. É obrigatório o recurso a provas de conhecimento nos concursos de ingresso.

b) A <u>avaliação curricular</u> visa avaliar as aptidões profissionais dos candidatos na área para a qual o concurso é aberto, com base na análise do respectivo currículo profissional. Nesta avaliação são obrigatoriamente consideradas e ponderadas a habilitação académica de base, a formação e a experiência profissional.

Podem ainda ser utilizados, com carácter complementar, os seguintes métodos:

a) Entrevista profissional de selecção;
b) Exame psicológico de selecção;
c) Exame médico.

a) A <u>entrevista profissional de selecção</u> pretende avaliar, numa relação interpessoal e de forma objectiva e sistemática, as aptidões profissionais e pessoais dos candidatos. Estas entrevistas são utilizadas em concurso externo e interno de ingresso desde que, neste caso, o conteúdo funcional e as especificidades da categoria o justifiquem, sem carácter eliminatório;

b) O <u>exame psicológico</u> tem como objectivo avaliar as capacidades e as caraterísticas de personalidade dos candidatos, através da utilização de técnicas psicológicas, visando determinar a sua adequação à função, e só pode ser utilizado em concurso de ingresso, podendo assumir carácter eliminatório;

c) O <u>exame médico</u> pretende avaliar as condições físicas e psíquicas dos candidatos, tendo em vista determinar a sua aptidão para o exercício da função, e só pode ser utilizado em concurso de ingresso tendo sempre carácter eliminatório.

Os resultados obtidos na aplicação dos métodos de selecção são classificados na escala de 0 a 20 valores, sendo que no exame psicológico são atribuídas as seguintes menções qualitativas: *Favorável preferencialmente, Bastante favorável, Favorável com reservas* e *Não favorável*, correspondendo-lhes as classificações de 20, 16, 12, 8 e 4 valores, respectivamente. Quanto ao exame médico são classificados de *aptos* ou *não aptos*.

2.5. *Classificação e provimento*

Na classificação final é adoptada a escala de 0 a 20 valores, considerando *não aprovados* os candidatos que nas fases ou métodos de selecção obtenham classificação inferior a 9,5 valores e bem assim, os que sejam considerados *não aptos* no exame médico.

A classificação final resulta da média simples ou ponderada das classificações obtidas em todos os métodos de selecção.

2.6. *Exclusão e garantias*

Os candidatos que devam ser excluídos são notificados no âmbito do exercício do direito de participação dos interessados, para, no prazo de10 dias úteis, obter por escrito o que se lhes oferecer.

Da exclusão do concurso cabe recurso hierárquico a interpor no prazo de 8 dias úteis para dirigente máximo ou, se este for membro do júri, para o membro do Governo competente.

Da homologação da lista de classificação final feita pelo dirigente máximo do serviço cabe recurso hierárquico, com efeito suspensivo, a interpor no prazo de 10 dias úteis para o membro do Governo competente. Não há lugar a reclamação no procedimento de concurso.

2.7. *Papel do jurista na AP*

As possibilidades de trabalho que um licenciado em Direito pode encontrar no seio da Administração são bastante diversificadas:

– Prestação de Apoio e Consultadoria Jurídica: esta figura surge essencialmente em todos os serviços da Administração Pública, sendo que é uma área ocupada, por excelência, por licenciados em Direito;

– Organização de Processos de Contra-Ordenação: esta função jurídica é importantíssima no seio da actividade administrativa, particularmente nos serviços do Ministério das Finanças, da Segurança Social e do Trabalho, Administração Interna e das Câmaras Municipais;

– Instrução de Processos-Crime: é uma figura bastante particular que está presente nos serviços das Finanças e da Segurança Social, enquanto fase preparatória da fase judicial;
– Função de Contencioso: como já foi referido anteriormente, a Administração celebra frequentemente contratos de prestação de serviços com licenciados em Direito inscritos na Ordem dos Advogados, sendo que os maiores empregadores nesta área são as Câmaras Municipais.

2.8. *Carreira na AP*

Quando os licenciados em Direito ingressam na Administração Pública através de concursos de ingresso, estes podem ascender progressivamente na sua carreira.

Indicam-se, de seguida, quais as etapas que podem constituir a evolução profissional de quem opte por esta via:

1. Técnico Superior Estagiário (período probatório);

2. Técnico Superior de 2ª classe;

3. Técnico Superior de 1ª classe;

4. Técnico Superior Principal;

5. Assessor;

6. Assessor Principal.

Depois de ingressar na carreira técnica superior, o licenciado em Direito tem também acesso a cargos dirigentes (reunidos determinados requisitos) como os dc director de serviços e chefe de divisão.

3. Retribuição

De seguida apresentamos o valor do índice 100 e a escala indiciária da carreira da AP, o que julgamos revestir o maior interesse para quem quiser optar por esta via profissional.

Valor do índice 100 = 60.549$ - 302,02 €

Categorias	Escalões			
	1	2	3	4
Assessor principal	710	770	830	900
Assessor	610	660	690	730
Técnico superior principal	510	560	590	650
Técnico superior 1ª classe	460	475	500	545
Técnico superior 2ª classe	400	415	435	455
Estagiário.	310	–	–	–

Fonte: Sistema retributivo da AP 2001

4. Opinião

Dr.ª Ana Sirage,
Técnica Superior Estagiária

Que comentário lhe merece o actual estado do ensino do Direito em Portugal?

Considero que o principal problema reside no excesso de licenciaturas em Direito existentes. A proliferação, pelas várias Universidades públicas e privadas, de cursos de Direito, sem critérios rigorosos de acreditação dos mesmos, originou uma situação insustentável, em que o mercado de trabalho não consegue absorver os licenciados que se formam, colocando-os em situações de elevada precaridade.

Na minha opinião, a solução passa por uma revisão do sistema em vigor, baseada, fundamentalmente, e antes de mais, numa redução do número de vagas colocadas anualmente a concurso. Simultaneamente, seria conveniente realizar uma fiscalização dos cursos de Direito existentes, para aferir a qualidade científica dos mesmos e assim permitir a formação de juristas efectivamente qualificados, especializados e aptos a integrar um mercado de trabalho competitivo e cada vez mais exigente.

A Administração Pública é uma carreira aliciante? Tem preenchido as expectativas de quem por ela opta?

Sem dúvida alguma, a Administração Pública é uma carreira aliciante. O modo de estruturação das carreiras permite ao funcionário público possuir expectativas de progressão, desde que preenchidos os requisitos exigidos, com todas as vantagens daí resultantes,

100   *Guia de Saídas Profissionais*

quer pela experiência e conhecimentos adquiridos, quer pelos acréscimos remuneratórios. Comentando a minha experiência pessoal, posso afirmar que estou plenamente satisfeita com a minha opção pela Administração Pública.

É uma saída com futuro?

Apesar de integrar a Administração Pública há relativamente pouco tempo, tive a oportunidade de constatar que muitos funcionários públicos não possuem as qualificações adequadas para desempenhar determinadas funções que pressupõem uma formação jurídica de base e que exigem um conhecimento aprofundado do regime jurídico da função pública. Considero que seria importante para a Administração Pública contratar jovens licenciados em Direito, com qualificações adicionais, que poderiam eficazmente contribuir para uma melhoria substancial dos serviços prestados pelo Estado Português. Acredito que os governantes adoptem providências nesse sentido, de modo a colmatar as lacunas ainda existentes.

A Administração Pública tem um vasto leque de opções para os licenciados em Direito e é, sem dúvida, uma saída com futuro.

Que aconselharia a quem quisesse optar pelo ingresso na Administração Pública?

É fundamental, em qualquer profissão, a predisposição para o seu desempenho. Nada mais indesejável do que não gostar daquilo que se faz.

Aos que quiserem optar pelo ingresso na Administração Pública aconselho vivamente uma consulta permanente do *Diário da República*, II Série (local onde correntemente são publicitados os concursos de admissão de pessoal) e dos jornais de maior circulação local, regional ou nacional, onde regularmente se publicam eventuais celebrações de contratos de trabalho, pois só assim terão conhecimento das possibilidades que se apresentam.

POLÍCIA JUDICIÁRIA

1. Introdução

Em 1945, o Decreto-Lei 35042, de 20 de Outubro, criava a Polícia Judiciária como organismo autónomo do Ministério da Justiça, directamente subordinado ao respectivo Ministro. A sua criação ficou ligada a uma profunda viragem da estrutura do processo penal operada na mesma altura.

As mutações sociais e económicas verificadas nas últimas décadas determinaram mudanças significativas das características da criminalidade. A supressão de barreiras fronteiriças no quadro europeu, a evolução tecnológica, bem como a intensificação dos fenómenos mediáticos veio contribuir para a aceleração da globalização dos comportamentos individuais a todos os níveis, de onde resulta o aparecimento e a generalização de novas formas de criminalidade cada vez mais sofisticadas, complexas e violentas, opacas e imunes aos métodos tradicionais de investigação, resultando daqui a necessidade de uma PJ mais especificamente preparada, dotada de meios técnicos e humanos, desenvolvendo também a cooperação internacional.

1.1. *Organização*

Actualmente a PJ é regulada pelo Decreto-Lei n.° 275-A/2000, de 9 de Novembro, constituindo um corpo superior de polícia criminal com estatuto próprio, que a distingue das demais forças policiais e de segurança. Tem funções de investigação criminal (em áreas como a corrupção, rapto, organizações terroristas, tráfico de estupefacientes, entre outros), de prevenção e centralização nacional da informação criminal e respectiva coordenação operacional, de que são exemplos a vigilância e fiscalização de locais propícios à ocorrência de crimes, divulgação de acções de defesa e protecção de pessoas e de bens.

Em termos de organização a PJ estrutura-se verticalmente e compreende:

– A Directoria Nacional, com sede em Lisboa;
– As Directorias, que existem em Lisboa, Porto, Coimbra e Faro;
– Os Departamentos de Investigação Criminal, sediados em Aveiro, Braga, Funchal, Leiria, Ponta Delgada, Portimão, Setúbal e Guarda.

Na dependência da Directoria Nacional funciona o Instituto Superior de Polícia Judiciária e Ciências Criminais, instituição responsável pela formação e pesquisa técnica e científica.

Em matéria de estatuto de pessoal, encontramos as áreas específicas de investigação ou de polícia e as áreas de apoio à investigação ou técnicas. No que respeita à primeira destas áreas, exige-se a licenciatura para o ingresso na carreira para investigação criminal.

1.2. *Corpo especial da Polícia Judiciária*

O pessoal da PJ constitui um corpo superior e especial, regulado nos artigos 62.º e seguintes do Decreto-Lei n.º 275-A/2000, onde encontramos os seguintes grupos de pessoal:

– Dirigente;
– De investigação criminal;
– De chefia de apoio à investigação criminal;
– De apoio à investigação criminal;

O grupo de pessoal dirigente compreende os seguintes cargos:

– Director Nacional;
– Director Nacional-Adjunto;

– Subdirector Nacional-Adjunto;
– Director do Departamento Central;
– Director de Departamento.

A carreira de <u>investigação criminal</u> é composta pelas seguintes categorias:

– Coordenador Superior de Investigação Criminal;
– Inspector Chefe;
– Inspector;
– Agente Motorista.

O grupo de pessoal de <u>chefia de apoio à investigação criminal</u> compreende os seguintes cargos:

– Chefe de área;
– Chefe de sector;
– Chefe de núcleo.

Quanto ao pessoal de <u>apoio à investigação criminal</u>, encontramos as seguintes carreiras:

– Especialista Superior;
– Especialista;
– Especialista Adjunto;
– Especialista Auxiliar;
– Segurança.

2. Procedimento de ingresso

2.1. *Disposições gerais*

2.1.1. *Concursos*

O concurso, como forma de recrutamento e de selecção para os quadros da PJ, encontra-se regulado pelo Decreto-Lei n.º 204/98, de 11 de Julho, que estabelece o regime geral de recrutamento e selecção de pessoal para os quadros da AP [7].

Nos concursos de ingresso para lugares de inspector, além da aplicação dos métodos de selecção previstos na lei geral, realizam-se ainda exames médicos e provas físicas, de acordo com o regulamento aprovado por despacho do Ministro da Justiça. Quando o provimento de lugares depender de aprovação em curso de formação, treino profissional ou estágio ministrados e organizados pelo Instituto Superior de Polícia Judiciária e Ciências Criminais, os candidatos são graduados de acordo com o aproveitamento que neles tenham obtido. No preenchimento dos lugares do quadro, em igualdade de circunstâncias, é concedida preferência ao pessoal em serviço na PJ.

2.1.2. *Estágio*

O estágio tem a duração de um ano, podendo ser reduzido a três meses, tendo em conta razões de conveniência para o serviço, por despacho do Ministro da Justiça, sob proposta do Director Nacional. Findo este período, o estagiário é definitivamente nomeado quando for considerado *apto*.

---

[7] Cfr. supra págs. 91 e ss.

2.2. **Inspector estagiário**

O ingresso no quadro único da PJ, na carreira de investigação criminal, faz-se na categoria de inspector estagiário. Os inspectores estagiários são providos de entre:

– Indivíduos de idade inferior a 30 anos;
– Habilitados com licenciatura adequada, pelo menos 35% dos quais em Direito;
– Com carta de condução de veículos ligeiros;
– Aprovados em concurso;
– Habilitados com o curso de formação ministrado no Instituto Superior de Polícia Judiciária e Ciências Criminais.

Para concorrer, os interessados não vinculados à função pública deverão aguardar a abertura de concursos externos, publicados no *Diário da República*, II Série.

A abertura do concurso para a frequência do curso de formação para Inspector e o número de vagas são fixados pelo Ministro da Justiça, sob proposta do Director Nacional.

No período de estágio é celebrado um contrato administrativo de provimento com os candidatos não vinculados à função pública. Este contrato pode ser rescindido quando o estagiário não revele aptidão para o exercício das funções. O estagiário a quem for aplicada a pena disciplinar de multa ou superior é excluído do estágio.

Os candidatos admitidos ao curso e os estagiários vinculam-se a permanecer em funções na PJ por um período mínimo de 5 anos após a conclusão da formação ou do estágio ou, em caso de abandono ou desistência injustificada, a indemnizar o Estado dos custos de formação, remunerações e gratificações que lhes forem imputados relativamente ao período de formação e de estágio.

2.2.1. *Exemplo*

Em 2001, realizou-se um concurso externo de ingresso para

admissão de 200 candidatos ao curso de formação de inspectores estagiários da Polícia Judiciária (Aviso n.º 13776/2001, II Série, DR, de 20 de Novembro).

De acordo com o estipulado no n.º 3 do art. 124.º do DL n.º 275-A/2000, de 9 de Novembro, 35% dos lugares a prover deverão ser preenchidos por licenciados em Direito.

3. Retribuição

O estatuto remuneratório do pessoal integrado no corpo especial da Polícia Judiciária constitui um estatuto próprio e autónomo.
A estrutura indiciária das escalas salariais do pessoal de investigação criminal consta do quadro que se segue.

Valor do índice 100 = 145.609$ - 726,29 €

Categorias	Escalões								
	1	2	3	4	5	6	7	8	9
Coordenador superior de inv. Criminal.	445	455	465	475	485	495	–	–	–
Coordenador de investigação criminal.	360	370	380	390	400	410	420	430	445
Inspector–chefe.	305	315	325	335	345	360	–	–	–
Inspector	195	215	240	265	275	285	295	300	305
Inspector estagiário	115	–	–	–	–	–	–	–	–

Fonte: Sistema retributivo da AP 2001

4. Opinião

Dr. Gomes de Sousa,
Director Nacional Adjunto
Polícia Judiciária

Como vê, actualmente, o ensino do Direito no nosso país?

Proliferam os licenciados em Direito e a qualidade de ensino é preocupante. Agora, se me transporta esta situação para o caso específico da P.J., dir-lhe-ei que o leque de recrutamento agora é maior e mais exigente. Só a partir deste ano o recrutamento – estou a falar ao nível de investigação – vai passar a ser por licenciados não especificamente em Direito, mas de uma licenciatura adequada. Direi que será uma licenciatura predominantemente de Direito. Mas não podemos esquecer outras vertentes que a P.J. tem e o que se requer de um investigador que está para além dos conhecimentos que são típicos de um licenciado em Direito. Temos vertentes e áreas económicas onde certamente outras especialidades vão ser necessárias.

Tem alguma estimativa relativamente ao número de licenciados que opta pela P.J.?

Penso que são, neste momento, ainda muito poucos. Houve anos em que o recrutamento esteve congelado, mas a P.J. está a admitir, pela primeira vez, no próximo concurso cerca de 100 inspectores estagiários, portanto, 100 licenciados por ano. Penso que o número não é expressivo, no entanto, dir-lhe-ei que no último concurso, também previsto para uma abertura de 100 vagas, houve cerca de 6500 pretendentes. A proporção é muito semelhante à que se verifica actualmente no C.E.J.. Só entraram 100, portanto, penso que há ainda possibilidade de se fazer um bom recrutamento.

A P.J. é uma carreira aliciante? Tem preenchido as expectativas de quem por ela opta?

Temos que ver isso na perspectiva da direcção e na perspectiva dos funcionários da P.J.. A carreira de investigação é uma carreira aliciante e a carreira de direcção da P.J. também o é. Eu licenciei-me em Direito pela Universidade de Coimbra, sou magistrado do Ministério Público e estou em comissão de serviço na P.J.. É, de facto, aliciante o desempenho destas funções e penso que isso constitui um enriquecimento para a própria P.J.

É uma saída com futuro?

É uma saída com futuro e sofre apenas dos problemas comuns a outras saídas em que é obrigatório o concurso público. A P.J. abre vagas à medida das necessidades. Não vai para a P.J. quem quer, vai quem a P.J. quer que vá e no número que a P.J. quer que vá. Isso também acontece com as magistraturas.

Que aconselharia a quem quisesse optar pelo ingresso na P.J.?

Quer na P.J., quer mesmo na magistratura ou na advocacia, a primeira condição será o perfil. É importante que a pessoa comece por fazer uma opção por aquilo que gosta, que acha aliciante. Esse é o passo mais importante para um bom desempenho. Depois vem a preparação, mas essa será facilmente conseguida com a base do curso de Direito.[8]

---

[8] Cfr. supra nota pág. 25.

DIPLOMACIA

1. Introdução

A importância e a necessidade da Diplomacia advêm da independência existente entre as nações modernas e dos direitos e deveres de intercâmbio político, económico e cultural.

Aos diplomatas compete a execução da política externa do Estado, a defesa dos seus interesses nas três esferas já referidas, a protecção dos direitos dos cidadãos portugueses residentes temporária ou permanentemente no estrangeiro e a representação de Portugal junto de governos e organismos internacionais.

As regras que observam assentam nos costumes, usos e tratados internacionais que, em conjunto, constituem o direito internacional.

Os agentes diplomáticos desempenham um papel fundamental na negociação, estabelecimento e execução de acordos de cooperação internacionais.

Essas relações de cooperação podem ser bilaterais, quando se estabelecem entre dois Estados (nestes casos, os contactos são, em regra, mais directos), ou multilaterais, casos em que a cooperação é acordada entre vários países e é alcançada no seio de organismos internacionais, como a ONU. Os contactos serão obviamente mais dispersos, consequência de um maior número de países intervenientes. Assim, os acordos em que participe o nosso país são efectuados pelos diplomatas nacionais que operam fora de Portugal.

1.1. *Diplomatas que exercem funções em Portugal*

No entanto, nem todos os diplomatas são colocados no estrangeiro. Também são necessários muitos em Portugal, porque, para estabelecer acordos de cooperação com outros países, é necessário ultrapassar muitas barreiras burocráticas e estabelecer contactos no próprio país, nomeadamente com as embaixadas dos países com os quais Portugal esteja eventualmente a negociar esse tipo de acordos, embaixadas que se encontram em território nacional.

Os diplomatas a exercer funções em Portugal são responsáveis por: recolher, tratar e actualizar a informação relativa à situação política, económica e cultural dos países com os quais Portugal mantém relações; analisar e apresentar propostas de actuação a vários níveis nesses países; orientar e coordenar a participação portuguesa nos organismos e reuniões internacionais de carácter político, económico e cultural; acompanhar outras organizações de que Portugal não faça parte mas cuja actividade tenha interesse para o país; definir e transmitir instruções a enviar às missões diplomáticas, representações permanentes e postos consulares portugueses no estrangeiro; e preparar e reunir os documentos necessários para realizar determinada negociação.

É facilmente compreensível que os diplomatas tenham de possuir um profundo conhecimento da realidade política, económica, social e cultural do seu país e daqueles com quem vão cooperar, para desempenharem mais eficientemente as tarefas que lhes são confiadas e para coordenarem a sua actuação com a dos seus colegas estrangeiros.

Terão ainda de se manter constantemente atentos ao que se vai passando no mundo, a fim de poderem reagir em tempo útil e actuar em conformidade.

1.2. *Importância da informação*

A informação é, com efeito, um pilar fundamental para a actividade diplomática. Esta beneficia grandemente com os avanços tecnológicos que se verifiquem nesta área, facilitando o modo de obter, tratar e transmitir informação. A internet, os telefones (fixos e móveis), os faxes e mesmo os meios de transporte mais rápidos (avião, comboio), tudo isto veio ajudar enormemente os diplomatas no exercício das suas funções. Por isso, também é conveniente que estes dominem alguns conhecimentos de informática, por exemplo, para tirar o máximo partido das vantagens que as novas tecnologias postas à sua disposição lhes oferecem.

Os diplomatas são frequentemente auxiliados no desempenho das suas funções quer por colegas portugueses e/ou estrangeiros, quer por técnicos especializados de diversas áreas como juristas e economistas, que complementam a sua actuação, fazendo da actividade diplomática um trabalho de equipa. Depois, também colaboram com o pessoal que trabalha nas embaixadas, nas missões diplomáticas e nos postos consulares.

Mas um diplomata só beneficiará se, ele próprio, possuir conhecimentos desses campos, pois estes revelam-se importantes na sua actividade, quando tiver de tratar assuntos da mais diversa natureza. Resumindo, um bom diplomata deve ter uma mentalidade aberta, sensatez, capacidade de adaptação, conhecimentos de línguas (orais e escritos, de inglês e francês, pelo menos) e facilidade de expressão e de relacionamento (o que se pode tornar decisivo nas negociações em que participe).

1.3. *Emprego*

No que diz respeito ao emprego, uma vez que os diplomatas são representantes do Estado português, trabalham ao serviço do Ministério dos Negócios Estrangeiros, onde podem prestar serviço interno ou ser colocados no estrangeiro, em embaixadas, missões (diplomáticas, representações permanentes e missões temporárias) ou postos consulares (consulados de carreira, secções consulares das missões diplomáticas e consulados honorários). Podem ainda trabalhar em organizações internacionais: ONU, OCDE, União Europeia, etc..

Para dar uma ideia do universo dos diplomatas portugueses, apresentamos um quadro do Ministério dos Negócios Estrangeiros (1996), que espelha um número reduzido de agentes diplomáticos nas cinco categorias existentes na carreira (492). Número que se justifica pela única entidade empregadora ser o referido Ministério, que abre concursos anual ou bienalmente, consoante o número de vagas a preencher.

Número de Diplomatas em 1996:

Categorias	Portugal	Estrangeiro
Embaixador	29	30
Ministro Plenipotenciário	42	75
Conselheiro de Embaixada	60	53
Secretário de Embaixada	53	110
Adido	40	–

Fonte: Ministério dos Negócios Estrangeiros.

2. Acesso e evolução na carreira

A carreira começa na categoria de adido de embaixada. A evolução é lenta (e nem sempre se chega às categorias mais elevadas) e faz-se mediante aprovação nos concursos abertos especificamente para esse fim, além de ser necessário um tempo mínimo de permanência na categoria anterior.

Só podem candidatar-se à carreira diplomática os licenciados que reúnam os requisitos de ingresso na função pública([9]). Os concursos, abertos através de aviso publicado no *Diário da República*, são constituídos por provas escritas de português, francês e inglês, por uma prova escrita de conhecimentos (que inclui matérias como história diplomática, direito internacional e comunitário, política internacional, economia e relações internacionais), por um exame psicológico de selecção, por uma entrevista profissional de selecção e por uma prova oral de conhecimentos. Todas estas fases são classificadas numa escala de 0 a 20 valores. Nas provas de português, no exame psicológico e na entrevista, a nota mínima exigida é de 12 valores; nas restantes, 10 valores.

Os candidatos aprovados após todas estas provas são nomeados adidos de embaixada por um ano e integram o serviço interno do Ministério dos Negócios Estrangeiros, frequentando um curso de formação diplomática durante três meses. Os adidos de embaixada considerados *aptos* tornam-se secretários de embaixada por um período não inferior a nove anos, durante os quais podem exercer funções nos serviços externos ou ser colocados alternadamente dentro e fora do país. Posteriormente, passam a conselheiros de embaixada durante pelo menos três anos, ao fim dos quais podem concorrer à categoria de ministro plenipotenciário. A ascensão ao topo da car-

---

([9]) Cfr. supra págs. 91 e ss.

reira – <u>embaixador</u> – faz-se por nomeação, pelo Ministro dos Negócios Estrangeiros, dos ministros plenipotenciários que tenham cumprido no mínimo três anos de serviço nessa categoria. Uma carreira de tão lenta e difícil promoção serve para fornecer aos diplomatas uma formação profissional contínua, com vista à valorização e ao constante aperfeiçoamento da sua actividade.

3. Curiosidades

3.1. *Condições de Trabalho*

É uma profissão muito exigente pois, apesar de, teoricamente, o horário de trabalho ser de 35 horas semanais (horário estabelecido por lei para os técnicos superiores da função pública), o que se verifica, na prática, é uma carga horária pesada devido à diferença de fusos horários em relação aos países com os quais Portugal mantém relações e pode ser necessário estabelecer contactos de variada natureza.

3.2. *Retribuição*

As remunerações da carreira diplomática calculam-se tendo como base o valor do índice 100, verificados os índices da escala que constam do quadro seguinte.

Valor do índice 100 = 226.295$ - 1.128,75€

Categorias	Escalões				
	1	2	3	4	5
Embaixador	310	325	340	–	–
Ministro plenipotenciário	250	270	280	290	300
Conselheiro de embaixada	180	190	200	220	–
Secretário de embaixada	135	140	150	160	170
Adido	125	–	–	–	–

Fonte: Sistema retributivo da AP 2001

3.3. *Perspectivas*

No que se refere às perspectivas de emprego, existem bons indícios para a profissão, uma vez que a actual conjuntura mundial é propícia ao estabelecimento de um maior número de acordos de cooperação internacional, em cuja negociação a intervenção dos diplomatas tem sido de extrema importância. Porém, como apenas o Ministério dos Negócios Estrangeiros emprega diplomatas, a oferta de emprego é muito escassa tendo em conta o número crescente de candidatos.

Relação entre número de vagas e lugares ocupados por licenciados em Direito:

Ano	Candidatos	Vagas	Licenciados em Direito
1995	753	40	16
1997	992	35	10
1999	1851	40	13

Fonte: Ministério dos Negócios Estrangeiros.

Da leitura atenta do quadro anterior verificamos que a percentagem de licenciados em Direito que ocupam as vagas para a carreira diplomática se tem mantido constante. Em 1999, o número de candidatos quase duplicou (de 992, em 1997, para 1851, em 1999), havendo 40 vagas e 13 licenciados em Direito a tornarem-se adidos de embaixada.

Resta-nos referir que a diplomacia é uma carreira que exige muito esforço, sacrifício e tempo. Quem se achar vocacionado para esta profissão certamente se sentirá realizado ao exercê-la.

4. Opinião

Dr. José Manuel Villas-Boas,
Embaixador

Que razões o levaram a escolher a carreira diplomática?

A carreira diplomática sempre me atraiu, como uma das possibilidades abertas à licenciatura em Direito. Embora na minha família não houvesse tradição diplomática, entendi que no mundo contemporâneo o papel da diplomacia continua muito importante, ao invés do que alguns pensam.

Fale-nos da sua experiência pessoal e profissional como embaixador. Tem preenchido as suas expectativas?

Congratulo-me pela escolha, que fiz, da carreira diplomática. Feito o somatório dos aspectos positivos e negativos da minha actividade profissional, os primeiros ultrapassam largamente os segundos. Procurei sempre manter vivas as tradições e regras da chamada diplomacia clássica, adaptando-as todavia à nova ordem política e económica internacional, cujos contornos já se desenhavam no início da minha vida profissional.

Foi, sem dúvida, uma carreira rica em experiência, que me levou praticamente a todo o mundo, e que, além de ter preenchido largamente as expectativas profissionais, me trouxe a possibilidade de alargar a minha cultura.

Onde se situa o papel dos diplomatas no novo século, num mundo de globalização?

O papel dos diplomatas no século XXI continua a ser de importância capital, a meu ver em nada diminuído pela actual conjuntura político-económica.

É evidente que o diplomata terá que se adaptar e viver a realidade do momento, a qual está longe de ser a mesma que ditou as regras da diplomacia clássica ou tradicional. Mas o papel dos diplomatas, ou seja o de intermediários entre os detentores do poder político nos diversos Estados, mantém-se insubstituível e, em vez de crise da diplomacia, creio podermos falar de uma verdadeira "explosão" da diplomacia, quer no âmbito bilateral, quer multilateral.

As relações entre Estados não se podem processar sem diplomatas que – repito – são os únicos que as deverão conduzir como intermediários. E num mundo onde a condução daquelas relações assume cada vez mais significado (a despeito da globalização, ou até talvez por causa desta) a escolha da carreira diplomática deve aparecer como uma opção altamente atractiva para os estudantes de Direito.

SAÍDAS HETERODOXAS

1. Introdução

Este capítulo, designado *Saídas Heterodoxas*, destina-se a indicar possíveis saídas profissionais para juristas em áreas que não estão directamente relacionadas com o Direito.

Os exemplos anteriormente referidos (*Advocacia, Magistratura, Registos e Notariado, Solicitadoria, Carreira Docente Universitária, Administração Pública, Policia Judiciária e Diplomacia*), podemos classificá-los como sendo as saídas tradicionais, ou pelo menos, mais frequentes, com que se depara um licenciado em Direito.

Mesmo assim, não é obrigatório que um jurista exerça uma dessas profissões, ele poderá ser útil em áreas para as quais não recebeu formação específica, mas onde poderá fazer muita falta. Destacam-se os casos da *comunicação social*, das *forças armadas*, dos *bancários, dos empresários e dos professores do ensino básico e secundário*. A estas chamamos *Saídas Heterodoxas*. Sabemos que todas são carreiras estimulantes que poderão ser opções profissionais de alguns, casos raros, licenciados em Direito.

Convém esclarecer que não pretendemos retirar protagonismo aos profissionais de cada uma dessas áreas. É nossa apologia, apenas e só, mostrar que um jurista poderá optar por essas vias, visto que, não raras vezes, nos deparamos com ofertas de emprego nesse âmbito para licenciados em Direito.

Também não é nossa intenção que um jurista substitua ou ocupe lugares destinados a estes profissionais, mas indicar que, por vezes, a sua colaboração é necessária e útil nesses empregos, até porque temos consciência que também nessas áreas é difícil a um recém licenciado com formação própria arranjar emprego.

Finalmente, não pretendemos fazer um levantamento exaustivo das formas de acesso e evolução nas carreiras *Heterodoxas*. Longe disso, apenas indicamos traços gerais.

O objectivo é que se alarguem os horizontes de todos aqueles que anualmente acabam os cursos de Direito.

2. Comunicação social

Um licenciado em Direito poderá aspirar a esta actividade profissional com algumas garantias: tem o dom da palavra, escreve e fala com correcção, conhece os termos jurídicos (tantas vezes ignorados por profissionais da comunicação social). Hoje, como no passado, o licenciado em Direito é um potencial comunicador, atento à sociedade e com capacidades para ser um *veículo* informativo.

O mundo da comunicação social, numa das suas áreas (jornalismo, produção e realização em rádio e televisão, relações públicas, publicidade) é um meio aliciante e atractivo.

São conhecidos vários casos de figuras públicas que, sendo licenciadas em Direito, optaram pela comunicação social:

– Francisco Pinto Balsemão escreveu: "Dediquei-me mais à advocacia, que até aí exercera num mini «part time» de fins de tarde. Aceitei o convite do meu amigo André Gonçalves Pereira para partilhar as despesas do escritório dele e para lá levei um grupo de ilustres causídicos (...). Em fins de 1971 tinha as ideias mais arrumadas. Percebi que a minha vocação profissional estava ligada à comunicação social"[10].

– No mesmo sentido, Clara Ferreira Alves: " Cursar Direito era o meu objectivo e os tempos da agonia do marcelismo eram tempos de confusão e fraqueza, de desorientação e incerteza. Direito, árido e abstracto, fascinante e político, parecia-me o meu destino não a minha vocação. Descobriria anos depois que a minha vocação era escrever e o jornalismo o princípio do meu destino"[11].

---

[10] e [11] "Revista Expresso", 28 de Julho de 2001, páginas 8 e 96.

Uma *redacção* não deve dispensar a presença de juristas, assim como a ideia de trabalhar num jornal, numa rádio ou numa televisão também não deve ser posta de parte por diplomados em Direito.

3. Forças Armadas

As <u>forças armadas</u> constituem o conjunto das instituições militares organizadas e equipadas para a luta pelas armas imposta pelo interesse nacional. Criadas essencialmente para a guerra, conservam um papel preponderante em tempo de paz, quer garantindo o respeito externo, quer assegurando internamente o equilíbrio do agregado social ao mostrarem-se aptas a agir sempre que crises no seio da Nação não possam ser debeladas por outros meios.

As forças armadas constam normalmente de três ramos especializados quanto ao meio onde deverão conduzir as suas operações militares: exército, marinha e força aérea.

Um licenciado em Direito poderá aspirar às forças armadas. Esta licenciatura oferece conhecimentos vastos e uma enorme capacidade de adaptação ao meio.

No exército, o diplomado poderá optar por cumprir o serviço militar efectivo em várias categorias, de acordo com as habilitações académicas que possuir. Entre elas encontra-se a licenciatura em Direito, que permite o acesso ao serviço efectivo normal (SEN) ou ao serviço efectivo em regime de voluntariado (RV) ou em regime de contrato (RC), na categoria de oficial.

Na força aérea também se admitem licenciados em Direito, apenas por concurso, mas em quadros permanentes (QP), também na categoria de oficial.([12])

([12]) Na marinha não se faz qualquer referência específica ao caso dos licenciados em Direito.

Etapas:

1ª Recenseamento;

2ª Provas de classificação e de selecção, no fim das quais os candidatos são declarados *aptos* ou *inaptos*;

3ª Incorporação (serviço militar efectivo) dos candidatos declarados *aptos*;

4ª Disponibilidade.

4. Bancário

O <u>bancário</u> é um funcionário de banco ou casa bancária, instituição de crédito que canaliza os capitais disponíveis em proveito dos que necessitam deles, mediante a percepção de um ganho equivalente à diferença de juros. Os bancos recebem capitais (operações passivas: depósitos à ordem ou a prazo; emissões de títulos, colocação de títulos alheios, etc.) e fornecem capitais (operações activas: concessão de crédito, etc.) mediante garantias. Há bancos especializados em certas operações de crédito (comerciais, de negócios) ou em relação a certos sectores sociais ou produtivos (v. g. de crédito agrícola, de crédito predial), e ainda bancos emissores de papel-moeda (de ordinário são bancos estatais). Em Portugal, o primeiro banco surgiu no ano de 1821 e esteve na origem da criação do Banco de Portugal, em 1846.

Hoje em dia, um licenciado em Direito é uma mais valia para a perfeita actividade dos bancos, como dirigente, como sócio, como funcionário (bancário).

O jurista estará sempre em posição vantajosa naquelas profissões em que se praticam inúmeras operações jurídicas, o que acontece diariamente entre o cidadão e instituições bancárias.

5. Empresário

O empresário é aquele que toma a seu cargo uma indústria ou uma especulação; o que dirige ou administra uma empresa. Não é necessário ser licenciado em Direito para ser empresário, mas devido aos conhecimentos adquiridos, o licenciado em Direito é um potencial empresário com sucesso, os seus conhecimentos de legislação comercial, fiscal, administrativa e laboral são fundamentais.

6. Professor do ensino básico e secundário

O pessoal docente dos ensinos básico e secundário constitui um corpo especial e integra-se numa carreira única com 10 escalões. Considera-se escalão o módulo de tempo de serviço docente a que correspondem, na respectiva escala indiciária, posições salariais hierarquizadas. Entende-se por nível remuneratório cada uma das posições remuneratórias criadas no âmbito de um mesmo escalão.

– Ingresso:
O ingresso na carreira docente é condicionado à posse de qualificação profissional para a docência, a que se refere o artigo 31.º da *Lei de Bases do Sistema Educativo*.

– Período probatório:
O período probatório destina-se, nos termos do artigo 32.º do *Estatuto da Carreira Docente*, a verificar a adequação profissional do docente às funções a desempenhar; tem a duração de um ano e é cumprido no estabelecimento de educação ou de ensino onde aquele exerce a sua actividade docente.

No que concerne aos estudantes de Direito, no âmbito do ensino preparatório no 1.º grupo – Português e Estudos Sociais/História – consideram-se habilitações próprias a licenciatura em Direito (4.º e 5.º escalões), desde que os candidatos comprovem aprovação nas seguintes cadeiras: Introdução aos Estudos Linguísticos e Introdução aos Estudos Literários ou outras duas que os conselhos científicos das respectivas faculdades atestem como equivalentes.

No que concerne ao ensino secundário, também encontramos, no 7.º grupo – Economia, a Licenciatura em Direito como habilitação própria (2.º escalão) e como habilitação suficiente, sendo no 1.º escalão apenas necessário possuir bacharelato em Direito, e no 2.º escalão o curso completo.

Em jeito de conclusão, aconselha-se a consulta da *Lei de Bases do Sistema Educativo*, do *Estatuto da Carreira Docente*, do Decreto-Lei n.º 312/99, de 10 de Agosto e do Despacho Normativo n.º 32/84, de 24 de Janeiro.

NOVAS SAÍDAS

1. Introdução

Este capítulo, intitulado *Novas Saídas*, pretende dar conhecimento das mais recentes criações legislativas no que concerne a saídas profissionais para estudantes de Direito.

Foi publicada, em Diário da República, no dia 13 de Julho, a Lei n.° 78/2001 referente à organização, competência e funcionamento dos Julgados de Paz e à tramitação dos processos da sua competência. O diploma de criação, que regulamenta vários aspectos específicos, dos julgados de paz de Lisboa, de Oliveira do Bairro, do Seixal e de Vila Nova de Gaia, e que estabelece o respectivo regime de funcionamento e organização, foi publicado no dia 20 de Dezembro. Os julgados de Paz entram em funcionamento na data em que a portaria do Ministro da Justiça proceda à respectiva instalação. Nesta jurisdição encontramos duas profissões de Direito: os juízes de paz (têm de possuir licenciatura em Direito) e os mediadores (têm de possuir licenciatura adequada).

Entretanto, tivemos também conhecimento que, a título excepcional, os magistrados judiciais dos tribunais de 1ª instância podem ser assessoriados por assistentes judiciais a serem recrutados de entre licenciados em Direito. O Decreto-Lei n.° 330/2001 permite a assessoria aos juízes de direito por assistentes judiciais e estabelece o respectivo regime jurídico.

2. Julgados de Paz

Os julgados de paz não são os típicos tribunais que conhecemos e com que estamos habituados a lidar, mas não deixam de ser, por esse facto, verdadeiros tribunais. Os julgados de paz têm competência para questões cujo valor não exceda a alçada da 1ª instância e neles não há lugar a pagamento de custas.

Estes tribunais podem ser definidos de uma forma fácil, como tribunais de bairro, de freguesia – correspondem a uma inovação legal na ordem jurídica portuguesa e prometem oferecer mais celeridade ao sistema jurisdicional português, principalmente no que concerne às chamadas "pequenas questões".

A actuação dos julgados de paz é vocacionada para permitir a participação cívica dos interessados e para estimular a justa composição dos litígios por acordo entre as partes. Estes tribunais estão concebidos e são orientados por princípios de simplicidade, adequação, informalidade, oralidade e absoluta economia processual.

Nesta jurisdição encontramos duas profissões de Direito: os juizes de paz e os mediadores.

2.1. *O juiz de paz*

Só pode ser juiz de paz quem reunir, cumulativamente, os seguintes requisitos:

a) Ter nacionalidade portuguesa;

b) Possuir licenciatura em Direito;

c) Ter idade superior a 30 anos;

d) Estar em pleno gozo dos seus direitos civis e políticos;

e) Não ter sofrido condenação nem estar pronunciado por crime doloso;

f) Ter cessado, ou fazer cessar imediatamente antes da assunção das funções como juiz de paz, a prática de qualquer outra actividade pública ou privada.

O recrutamento e a selecção dos juizes de paz são feitas por concurso público aberto para o efeito, mediante avaliação curricular e provas públicas (ainda não referidas no presente diploma legal e que deverão ser aprovadas por portaria do Ministro da Justiça).

Novas Saídas   139

Não estão sujeitos a realização de provas:

a) Os magistrados judiciais do Ministério Público;

b) Quem tenha exercido funções de juiz de direito nos termos da lei;

c) Quem exerça ou tenha exercido funções como representante do Ministério Público;

d) Os docentes universitários que possuam os graus de mestrado ou doutoramento em Direito;

e) Os antigos bastonários, presidentes dos conselhos distritais e membros do conselho geral da Ordem dos Advogados;

f) Os antigos membros do Conselho Superior de Magistratura, do Conselho Superior dos Tribunais Administrativos e Fiscais e do Conselho Superior do Ministério Público.

Os juizes de paz são providos por um período de 3 anos e não podem desempenhar qualquer outra função pública ou privada de natureza profissional.

A remuneração dos juizes de paz é a correspondente ao escalão mais elevado da categoria de assessor principal da carreira superior do regime geral da Administração Pública [13].

2.2. *Mediadores*

Os mediadores, que colaboram com os julgados de paz, são profissionais independentes, adequadamente habilitados a prestar serviços de mediação. Estes profissionais estão, contudo, impedidos de exercer a advocacia no julgado de paz onde prestam serviço.

O mediador tem de reunir os seguintes requisitos:

a) Ter mais de 25 anos de idade;

b) Estar em pleno gozo dos seus direitos civis e políticos;

---

[13] Ver supra pág. 98.

c) Possuir uma licenciatura adequada (pode ser ou não em Direito);

d) Estar habilitado com curso de mediação reconhecido pelo Ministério da Justiça;

e) Não ter sofrido condenação nem estar pronunciado por crime doloso;

f) Ter o domínio da língua portuguesa;

g) Ser preferencialmente residente na área territorial abrangida pelo julgado de paz.

A selecção dos mediadores é feita por concurso curricular aberto para o efeito.

A remuneração do mediador é atribuída por cada processo de mediação, independentemente do número de sessões realizadas, sendo o respectivo montante fixado pela competente tutela governamental na área da justiça.

3. Assistentes Judiciais

Os assistentes judiciais são licenciados em Direito que, a título excepcional, coadjuvem os magistrados judiciais, dos tribunais de 1ª instância, no exercício das suas funções. Em princípio, estes profissionais exercerão as suas tarefas em tribunais ou juizos que registem elevado número de processos entrados ou pendentes, ou em que se verifique a necessidade de intervenção resultante de situações excepcionais de funcionamento anómalo.

Os assistentes judiciais, apoiam na elaboração de projectos de decisões judiciais; proferem despachos de mero expediente e preparam as agendas de julgamento e outras diligências. A actividade dos assistentes judiciais tem como principal objectivo a realização das diligências necessárias à redução das pendências e ao estrito cumprimento dos prazos processuais.

Os assistentes judiciais são contratados a termo, pela Direcção-Geral da Administração da Justiça, de entre licenciados em Direito.

A remuneração dos assistentes judiciais é fixada por portaria conjunta dos Ministros das Finanças, da Justiça e da Reforma do Estado e da Administração Pública, ouvido o Conselho Superior da Magistratura.

INFORMAÇÃO COMPLEMENTAR

Legislação ([14])**:**

Estatuto da Ordem dos Advogados – **Decreto-Lei n.° 84/84**, de 16 de Março.

Sexta alteração ao Estatuto da Ordem dos Advogados – **Lei n.° 80/2001**, de 20 de Julho.

Lei Orgânica do C.E.J. – **Lei n.° 16/98**, de 8 de Abril.

Lei que estabelece a Assessoria das Magistraturas – **Lei n.° 2/98**, de 8 de Janeiro.

Concurso para Recrutamento de Pessoal para a AP – **Decreto- -Lei n.° 204/98**, de 11 de Julho.

Procedimento de Ingresso na Carreira de Conservador e Notário – **Decreto-Lei n.° 206/97**, de 12 de Agosto.

Estatuto da Carreira Docente Universitária – **Decreto-Lei n.° 448/79**, de 13 de Novembro, ratificado pela Lei n.°19/80, de 16 de Julho.

Estatuto dos Solicitadores – **Decreto-Lei n.° 8/99**, de 8 de Janeiro.

Estatuto Profissional dos Funcionários do Quadro do Serviço Diplomático – **Decreto-Lei n.° 40-A/98**, de 27 de Fevereiro.

([14]) Apenas referimos legislação fundamental, como ponto de partida para pesquisas mais profundas.

Regulamento do Concurso de Admissão aos Lugares de Adido de Embaixada – **Despacho n.° 22383/98**, de 29 de Dezembro.

Lei Orgânica da Polícia Judiciária – **Decreto-Lei n.° 275-A/2000**, de 9 de Novembro.

Julgados de Paz – **Lei n.° 78/2001**, de 13 de Julho.

Criação dos julgados de paz de Lisboa, Oliveira do Bairro, do Seixal e de Vila Nova de Gaia – **Decreto-Lei n.° 329/2001**, de 20 de Dezembro.

Assistentes judiciais – **Decreto-Lei n.° 330/2001**, de 20 de Dezembro.

Contactos Úteis:

Conselho Superior da Ordem dos Advogados
Largo de S. Domingos, 14, 1.° direito
1169 – 060 Lisboa
Tel.: 218823550
Fax: 218880431
Home-page: http://www.oa.pt

Conselho Distrital do Porto da Ordem dos Advogados
Palácio da Justiça
4099 – 012 Porto
Tel.: 222074660
Fax: 222074669

Ministério dos Negócios Estrangeiros
Palácio das Necessidades, Largo do Rilvas
1399-030 Lisboa
Tel.: 213946000
Fax: 213946047
Home-page: http://www.min-nestrangeiros.pt

Informação Complementar 147

Direcção Geral dos Registos e do Notariado
Av. 5 de Outubro, 202
Apartado 14015
1064 Lisboa
Tel.: 217985500
Fax: 217951350
Home-page: http://www.dgrn.pt

Polícia Judiciária – Dep. de Recursos Humanos
Largo de Andaluz, 17
1050-004 Lisboa
Tel.: 213533030 (linha azul); 213150867 (geral)
Fax: 213157133
Home-page: http://www.policiajudiciaria.pt

Centro de Estudos Judiciários
Largo do Limoeiro
1149-048 Lisboa
Tel.: 218874713
Home-page: http://www.cej.pt

Conselho Geral da Câmara dos Solicitadores
Rua D. Estefânia, 17, 3.º direito
1169-174 Lisboa
Tel.: 213172063
Fax: 213534870

Conselho Regional do Norte da Câmara dos Solicitadores
Campo Mártires da Pátria
Palácio da Justiça
4050 Porto
Tel.: 222000720 / 222000018
Fax: 22314140

Escola de Direito da Universidade do Minho
Largo do Paço
4704-533 Braga
Tel.: 253604570
Fax: 253679078
Home-page: http://www.direito.uminho.pt

Associação de Estudantes de Direito da Universidade do Minho – AEDUM
AEDUM / Escola de Direito
Largo do Paço
4704-533 Braga
Tel.: 253604570
Fax: 253679078
E-mail: aedum@portugalmail.pt

ÍNDICE

Nota de Abertura	5
Advocacia	9
Magistratura	27
Registos e Notariado	47
Solicitadoria	61
Carreira Docente Universitária	73
Administração Pública	87
Polícia Judiciária	101
Diplomacia	115
Saídas heterodoxas	127
Novas saídas	135
Informação complementar	143